新装版

人生は70歳からが一番面白い

漫画家
弘兼憲史

JN060154

SB Creative

本書は、小社より2018年1月15日に刊行されたSB新書
『人生は70歳からが一番面白い』を加筆・再編集したものです。

目次

序章 上機嫌の作法

第一章 上機嫌な人づき合い

第二章●妻と子どもから自立して上機嫌

第四章●上機嫌に健康長寿

第五章 最期まで上機嫌で楽しむ

序章

上機嫌の作法

僕が提案したい4つのこと

「汚い」

「おカネがかかる」

「役に立たない」

冒頭からなんだか否定的な言葉が並んでしまいましたが、これまで年寄りは、こんなふうに揶揄《やゆ》されてきたところがあります。

腹立たしく感じる人もいるでしょう。しかし、高齢者のイメージは、これくらい残念なものだったことを甘んじて受け入れなくてはいけません。

そのうえで、自分がそうならないようにすればよいだけのことです。

いつまでも若いと思っていた僕も、２０１７年9月9日の誕生日で70歳になりました。

その前年、仕事をしているときに「おいおい、俺は来年70歳になるじゃないか」と、ふと気がついて驚いたことを思い出します。

僕は日頃、あまり自分の年齢を意識することはありませんが、65歳になったときには、飄々《ひょうひょう》と「さあ、俺も今日から前期高齢者だ」と自覚したものです。

僕と同年代や、ちょっと下の定年退職を迎えようとしている年代の人たちも、できることなら高齢者になってから周囲に嫌な思いをさせたくないし、家族や社会のお荷物にはなりたくないと思っているはず。

そんな御同輩に、僕はこんなことを提案したいのです。

- **家族や社会との関係を見直して自立する**
- **現実を受け入れて自律する**
- **どこまでも人生を目いっぱい楽しむ**
- **なにか社会に役立つことをして逝く**

これらこそ、高齢者が楽しく生きていくための「上機嫌の作法」だと思うのです。

そのことを、ちょっと肩の力を抜いて語ってみようというのが、この本の骨子となります。

人生楽しんだもん勝ち

数えの70歳は、「古希《こき》」と呼ばれます。古希の語源は、極めて優れた詩人を意味する「詩聖《しせい》」と呼ばれた中国唐代の詩人・杜甫《とほ》が詠んだ詩の「人生七十古来稀なり」という一節にあります。

「人生は短く、70歳まで生きることなど稀なのだから、生きている間に人生を楽しみたい」という意味で使われているのです。

平均寿命が男女とも80歳を超えている今の日本では、状況はずいぶんと違います。

杜甫が詩を詠んだ中国唐代の70歳を現代の寿命に換算するとしたら、90歳か100歳ということになるでしょうか。

いずれにしても、「生きている間に人生を楽しもう」ということには変わりありません。

ところが、この詩は、ちょっと悲哀をまとっています。

皇帝の怒りを買って地方に左遷されることになった杜甫が、朝廷から帰ると服を質に入れて酒代をつくり、「曲江《きょくこう》」という池のほとりで毎日泥酔しているという背景で詠まれているのです。

「人生七十古来稀なり」の後には、「今、自分の人生は先行きが暗いけれど、花にとまる蝶は美しく、トンボは水面をゆったりと飛んでいる。移ろいゆくのは、自然も私も同じではないか。自然よ、しばしこの眺めを楽しませてくれまいか」と続きます。

この詩を詠んだとき、杜甫は47歳でしたが70歳を迎えることなく、12年後に59歳で死去しています。

年齢も時代背景も違いますが、最期に近づいていくなかで、今のうちに、あるいは今この一瞬を楽しむという気持ちが大切なのは、同じなのです。

平均寿命からすれば、僕に残されているのは、あと10年くらいのもの。ちょっと頑張ったとしても、20年くらい残されているかどうか。

そう考えると、この先は〝とにかく上機嫌〟に過ごすことが大事になってきます。

僕は60歳になったとき、「今のように自由に動き回って、好きなゴルフをやっていられるのも、せいぜい70歳くらいまでが限度じゃないか」と思っていました。

ところが、いざ70歳になってみると、心も体もまだまだ元気です。

この先も、日本人男性の平均寿命である80歳くらいまでは、ゴルフを楽しんでいられるかなと思っているくらいです。

「人生楽しんだもん勝ち」。僕は心底、そう思っています。

そこで、先ほど提案した4つの作法を踏まえながら、最期まで上機嫌に人生を歩むためのヒントをお話しいたしましょう。

第一章

上機嫌な人づき合い

老化現象をプラス思考へ転換する

芥川賞作家・赤瀬川原平さんの「老人力」という言葉が「新語・流行語大賞」に入賞したのは、今から25年ほど前の1998年のことでした。

老人力というのは、「もの忘れが激しくなった」「頭がボケてきた」といった老化現象をマイナス思考でとらえず、「老人力がついてきた」とプラス思考へ転換する逆転の発想による力のことです。

「まだまだ若いものには負けない」などと年齢に抗《あらが》って頑張るのではなく、「俺もいい感じで年をとってきたな」と思って「忘れてしまう力」や「力を抜く力」を受け入れ、マイペースに人生を楽しもうという提案でもありました。

老人、すなわち高齢者は65歳以上とされていますが（ＷＨＯ）、今の65歳、70歳くらいの人は、内心では自分のことを老人だとは思っていない人が多いでしょう。冗談交じりに「もう老人ですから」ということはあっても、内心では「まだまだ若いものには負けない」と年齢に抗っているような人も少なくないと思うのです。

それゆえに「シニア市場」が広がっていても、高齢者を意味する「シニア」のイメージを前面に打ち出して商品やサービスを展開すると、なかなか売れないそうなのです。

高齢者は自分を「シニア」とも「高齢者」とも「老人」とも認めたくないことが背景にあるわけです。

実際、内閣府の意識調査では、65歳以上を高齢者と呼ぶことに否定的な意見が多く、男性は70歳以上、女性は75歳以上を高齢者としたほうがいいという意見が最も多いのです。

「日本老年学会」と「日本老年医学会」は、10年前に比べて身体の働きや知的能力が5～10歳は若返っているとして、現在は「65歳以上」とされている高齢者の定義を「75歳以上」に引き上げるべきだと政府に提言しています。

現在は「前期高齢者」と定義されている65～74歳までは、仕事やボランティアなどで社会に参加しながら、高齢期に備える「准高齢者」の時期とする案です。

年をとるということは、人間のＤＮＡに刻まれたプログラムにのっとって楽しく生きることです。

「年齢を重ねることは成長の証」とプラス思考になれば、シニアでも高齢者でも准高齢者でも老人でも、呼び方なんてどうだっていいじゃないかと思います。

高齢者の定義は、行政上の区分ですから、その区分を変えるとなると年金や保険の制度にもたらす影響は大きいかもしれません。

でも、個人的には呼び方を変えたところで、社会とのかかわり方や過去に積み重ねたものが変わるわけではありません。

大切なのは、「自分の生き方」なのですから。

逆らわず、いつもニコニコ、従わず

人間は生まれると、いつか必ず死ぬという生命プログラムのなかで生きているのですから、生き続けていれば誰にでも「老い」はやってきます。

多くの人は40代の後半くらいから老化現象を自覚するようになって、50代になるとそれがより顕著に感じられます。

60代にもなれば、疲れがとれない、肌が荒れる、視力が衰える、腰が痛くなるといった自覚症状を感じることが当たり前になります。

そういう年齢になっても「アンチエイジング」(抗老化)をして若づくりしようとするのもいいでしょうが、僕自身は「そういう年齢になったんだ」「自分が立派に成長している証拠だ」「DNAに刻まれている、生まれてから死ぬまでのプログラムを実行しているんだ」と前向きにとらえています。

加齢に抗わず、すべてをプラス思考に転換して、若い頃にはない楽しさを得ているのです。

アメリカのある女性誌の編集長は、「アンチエイジング」という言葉を使わないことを宣言したそうです。

この編集長は、加齢を否定的にとらえて抗うのではなく、年齢を重ねることを自然に受け入れることを呼びかけているのです。

たしかに「以前はできていたはずなのに……」と過去にこだわっても、なにも前向きの結果を生まないと思います。

２０１７年7月に１０５歳でお亡くなりになった医師の日野原重明さんは、生涯現役を貫き、「75歳を超えて第三の人生が始まる」とおっしゃっていました。58歳のときには「第二の人生を歩んでいる」とおっしゃっていたのですが、平均寿命が今より10歳以上短く、多くの企業の定年退職が55歳だった当時の感覚からすると、それが普通だったのだと思います。

今は60歳で定年を迎えるようになりましたが、希望すれば65歳まで継続雇用されることが法律で義務付けられています。

65歳から第二の人生が始まるとするならば、「人生100年時代」といわれている昨今、さしずめ第三の人生は、平均寿命を超える80代からということになるでしょうか。

「逆らわず、いつもニコニコ、従わず」とは、産婦人科医で「日本笑い学会」副会長の昇幹夫さんの言葉です。

自分と他人の考えは違うこともありますが、いちいち逆らうのではなく、ニコニコしながら理解してあげればいい。だからといって唯々諾々《いいだくだく》と相手の意見に従うのではなく、自分の頭でしっかりと考えて判断する。

そうやって相手の意見を尊重しつつも、自分の考えを曲げる必要はないということを意味しています。

年齢や他人に逆らわず、スマートなプラス思考でいれば、一緒にいても楽だから、自然と人に好かれますよね。

小学1年生になって再スタートする

定年退職をして、第二の人生をスタートさせるということは、自分の活動の場が変わるということです。

会社という組織のなかで長く生きてきた人にとって、実質的な活動の拠点は会社だったはずです。定年後、その場がなくなり、活動の拠点が自宅となった場合、地元のコミュニティですぐにうまくやっていこうとするのは結構難しいものです。

同じ地域に住んでいるというだけで、ほかに共通項のなかった人たちとコミュニティを形成していこうとするわけですから。

僕はよく、第二の人生のスタートを小学1年生にたとえます。公務員の子も、サラリーマンの子も、自営業の子も、同じ教室に机を並べて、小学校生活をスタートさせた小学1年生とよく似ているからです。

柔軟性のある子どもたちであれば、初めての学校生活を体験して、協調性や連帯感を身につけながら、自然と周りの人とうまくやっていこうとします。

ところが高齢者の場合、それぞれの「過去」「先入観」「プライド」などが無意識に邪魔をしてしまいます。

高価格帯の分譲マンションに住む人の話を聞いてみると、会社で高い地位にあった居住者が多かったりして、そういう人同士がうまくやるのは結構難しいようです。

マンション管理組合の役員選出にあたっても、お互いにプライドが高く、もめることが多いという話も聞いたことがあります。

かつてのライバル会社のOB同士が同じマンションに住んでいたりすると、お互いにどこかで鼻もちならない思いを抱いていたりするそうなのです。

同じマンションに東大卒の元官僚もいれば、中卒で成功を収めた人もいることがあります。そこで元官僚が学歴を鼻にかけて上から目線で接すれば、それはギクシャクしてしまうわけです。

だから地位や学歴の高かった人ほど、地域のコミュニティでうまくやるのは「過去」「先入観」「プライド」が邪魔して難しい。特に地位も学歴ももち合わせた元官僚は難しいのでしょうね。

小中高と成績がトップクラスで最高学府とされる東大に入り、さらに成績優秀で官僚になって海外留学なども経験し、政治家とのやりとりなんかをしていると、「俺はそのへんのヤツらとは違う」というような特権意識が刷り込まれてしまうのかもしれません。

サラリーマンの場合、組織の上下関係のなかで生きてきて、それなりに上の立場にあった人も多いでしょう。

しかし定年後は、部長であれ、本部長であれ、専務であれ、社長であれ、小学1年生となって再スタートとなります。

仕事一筋という生き方をしてきた男は、なかなか肩書を捨てにくいものですが、そこは思い切って気持ちを切り替えなければ、なにより自分が幸せになれません。

お互いのことをよく知っている友人との間では、たまには昔の関係に戻って思い出話をするのもいいでしょうけれど、過去の肩書や栄光は、地域のコミュニティに溶け込むためには邪魔になるだけです。

マンション管理組合の役員選出で監査役を選ぶときに、「私は銀行出身で常務だったから」などといっても、周りの住人からは「だからなんなの」「自慢してるのか」と思われるだけです。

ついつい、「○○したまえ」みたいな言葉を使ってしまうと、「自分が置かれている状況を理解できていない残念な老人」というレッテルを貼られることになりますから要注意です。

年齢を重ねてこそ年下に敬語を使う

「実るほど頭《こうべ》を垂《た》れる稲穂かな」という諺《ことわざ》は、よく知られるように学問や徳が深まる人格者ほど謙虚であることのたとえです。

僕はビジネス誌の対談コーナーで、さまざまな企業の経営者にお会いするのですが、大企業の社長さんや会長さんには、この諺どおりの方が多いことを実感しています。

皆さん、お偉い方なのですが、言葉遣いがとても謙虚なのです。こういってはなんですが、それほど地位の高くない人のほうが、言葉遣いが雑で、上から目線の場合も多いような気がします。

企業のトップは、大きく2つのタイプに分かれます。

カリスマ的な存在感があって周囲の人が畏怖《いふ》の念を抱くような経営者と、社員と仲間的な距離感を保つ経営者です。

以前お会いしたファンケル創業者の池森賢二会長は、後者の経営者です。

お会いしたときに御年80歳になられていたそうですが、10歳も年下の僕にとても丁寧で気さくに語りかけてくださり、僕は初対面にして池森さんのファンになってしまいました。

なにしろ若々しくてアイデアも豊富。僕なんぞは話をしていて「あれ、今なにを話そうとしていたんだっけ？」ということがよくあるのですが、池森さんにはそういうところがまったくないのです。

また、80歳になった今でも積極的に現場へ足を運ぶという意欲も素晴らしいと感じました。きっと、現場でも社員と気さくに話をされているのだと思います。僕もこうありたいものだと、感動したほどです。

相手が年下だろうが年上だろうが年齢に関係なく、普段から敬語を使うのはおすすめです。僕自身も、そう心がけて実行しています。

僕はよくファミレスに行って、コマ割りにセリフを入れる「ネーム作り」という仕事をします。そのときに、それとなく人間観察をすることがあります。

そうしていると、若い店員さんに空《から》になったコップを見せて水を催促するような仕草をしたり、ぞんざいな態度をとる高齢者の姿を見かけたりするのですが、傍《はた》から見ていて人間的にとても小さく見えてしまいます。

僕のオヤジなんかもそうでしたけど、特に昔は「お客様は神様です」といわんばかりに、店員さんに上から目線でものをいうのが当たり前という風潮がありました。

今も高齢者にはそういう人が多くて、若い人のほうが丁寧な言葉遣いをしている印象があります。

年をとればとるほど謙虚になって、丁寧な言葉遣いをするという生き方は、とてもスマートで素敵だと思います。

人間、謙虚になって損はありませんからね。

“頼まれごと”で周りに役立つ

周りに「老害」だの「社会のお荷物」などといわれたくありません。そのためには、やはり「周りの役に立つ」、もっと広い意味では「社会の役に立つ」という視点が大切になります。

自分の存在に社会的な価値を見いだせば、日々の活力にもつながります。逆に自分の存在意義が見えなくなってしまうと、生きる気力を失っていきます。

たとえば町内会やマンションの管理組合などの地域コミュニティに属していれば、役員や理事といった役割を頼まれることもあるでしょう。

年齢的な順番や居住年数の長さなどで、やらなければいけない機会が出てきます。

「今度はお願いします」と頼まれたら、少なくとも、そういう〝受け身の役割〟は、社会貢献だと思って請け負うべきでしょう。最も手早く人の役に立つことができるのは、こうした頼まれごとなのですから。

断固拒否して孤立する生き方を選ぶのも悪いとはいいませんが、同じコミュニティでうまくやっていこうと思ったら、多少気乗りしなくても人の役に立とうと考えて、やってみるしかありません。

僕は連載の締め切りなどに追われつつも現在、「出版物貸与権管理センター」の代表理事、「文化放送」の番組審議会委員長、「ＪＦＮ（全国ＦＭ放送協議会）賞」の特別審査員長を引き受けています。

どれも一番上にいた70歳くらいの人たちが退いたので、その役が僕に回ってきたのです。

こういうのは年齢的な順番で回ってくる役割なので、一定の期間がすぎると、また次の人に受け継がれます。これまで関係してきた以上、これは引き受けなければならないものなのです。

「今までお世話になってきたのだから、今度は自分が役立つことをさせてもらいます」という意味合いですから、これもひとつの社会貢献なのです。

〝究極の最期〟で社会に役立つ

受け身の社会貢献から一歩進んだ、積極的な社会貢献の代表は「ボランティア活動」です。

金銭的に余裕がある人であれば手弁当で、あるいはある程度の私財を投じて人のために尽くすのもいいですが、そうでない人も、交通費と弁当代などが支給される「有償ボランティア」という手段があります。

英語が堪能な人ならインバウンド（訪日外国人）の観光ガイドや英語教室の講師などがありますし、医療に携わってきた人なら高齢者の健康相談のカウンセリングなどがあります。

特別な技能をもっていないという人でも、地方自治体が運営している「介護支援ボランティア制度」があります。

この制度は、人手不足に悩む介護施設などで、高齢者が散歩の補助や話し相手といった介護ボランティアをするものです。２０１５年度には、全国で２８２の市区町村が実情に合わせた形式で導入しています。

多くの自治体では介護ボランティアの活動に応じてポイントが付与され、介護保険料などに充当させることができますから、実益も兼ねられます。

ボランティアを通して交流の場ができて、社会に貢献していることを実感できると、楽しみながらボランティア活動を続けられると思います。

自分が払う介護保険料を軽減できて、しかも社会に貢献して、人から喜ばれる。さらに体を動かして脳を活性化させることにもなるので、自分の介護予防にもなるという〝一石三鳥〟ともいえるボランティア活動です。

国の経済を支えていく若者が介護の仕事に就いていたのでは、国力の低下を招いてしまうという考え方をする人もいますし、今後も高齢者の介護ボランティアの需要は増していくはずです。

現代の需要と供給にマッチした社会貢献ともいえるでしょう。

こうした自治体が運営する有償ボランティア以外にも、地域で電子マネーとして使えるポイントが付与される有償ボランティアなどもありますから、住んでいる地域の役所で自分に合ったものを探してみるのも楽しいのではないでしょうか。

僕の知り合いに、死んだ後に社会に役立つことを予約している人がいます。どういうことかというと、死後に自分の遺体を医学や歯学の研究や教育のために、無償で提供する「献体」に登録しているのです。

これは無報酬なのですが、遺体の移送費や火葬料などは献体先の大学などがすべて負担してくれます。火葬が終わって遺骨が遺族のもとに戻ってくるのは、通常1年後になるようです。

20年くらい前までは献体が不足して、大学側が困っていたくらいだったそうですが、２００９年度の献体登録者数は23万人超と20年前に比べて倍増しました。

自分の体を死後に解剖実験用として大学の医学部や歯学部に無償で提供することを希望する人が増えたため、遺体保管場所の確保に苦慮したり、遺骨返還までの期間が延びたりすることを懸念して、大学が献体登録の受付の停止や上限を設ける動きも増えているそうです。

いずれにしても献体は、〝究極の最期〟〝究極の社会貢献〟といえるかもしれません。

相手を立てて、褒めて、譲る

かつて会社勤めをしていた頃は、上司として部下の育成に骨を折った人も多いでしょう。

特に50代になって、わが子と同年代の若い部下と接するには、ジェネレーションギャップを乗り越える工夫をしてきたことと思います。

そうして身につけてきた対人関係の経験値は、第二の人生でも大いに役立ちます。

皆さんが積み重ねてきた人との接し方を整理する意味でも、ここで僕が思う良好な対人関係を築くためのポイントをあげておきたいと思います。

どれも結構、中高年がなおざりにしがちなことばかりです。

まず、「相手を立てる」ことです。

自分を立てて、いい気持ちにさせてくれる相手を嫌がる人はいません。

会社員時代をふり返っても、人を立てることがうまい上司や同僚は人望が厚かったのではないでしょうか。

会話を始めるときは「○○さん、」と相手の名前をいってから話しかけると、「あなたに関心を向けていますよ」というサインになります。

つい無意識にやってしまいがちなのは、会話中に相手の話をさえぎってしまうことです。相手の話の腰を折ってしまわないように、「なるほど」「たしかに」「そうですね」などと、意識的に相手の話を肯定する相づちを入れて、共感していることを伝えることも円滑な会話には大切です。

間違っても「というより」「ていうか」などの否定的な相づちを打たないようにしましょう。

つまり、話し上手になるより、聞き上手になることを意識したほうがいいです。聞き上手は、やはり好かれます。

次に、「相手を褒める」ことです。

褒められて嫌な気分になる人もいません。誰かに会ったら、その瞬間にひとつだけ褒め言葉を述べてみましょう。

服でも靴でもヘアースタイルでも、なんでもいいです。パッと見て「いいな」と感じたところを、ひとこと軽く褒めてみます。

この〝軽く〟というのが大切で、あまり露骨に褒めると逆効果になりかねません。

これで相手がいい気分になるだけでなく、あなた自身も相手が喜んでくれれば、いい気分になります。

それにより、お互いに最初から心を開けるようにもなります。

人はつい相手の悪いところが目につきがちですけれど、意識して相手のよいところを見るようにするといいです。

お互いによいところを見ながらつき合うようにすれば、そのほうが楽しいですし、疲れません。

また、直接相手を褒めるのもよいのですが、「○○さんが褒めていたよ」という伝言スタイルで褒めるのは、さらに高い信憑性を得られる効果があります。ただし、見え透いたお世辞やおべっかでは、逆効果になってしまう可能性もあります。

褒めることは相手を立てることにもつながりますが、そのときに相手をしっかりと見ることが大切です。

もうひとつは「相手に譲る」という、心の余裕をもつことです。

たとえば、狭い道で向こう側から歩いてきた人に「お先にどうぞ」と道を譲る、足腰が丈夫なら電車で目の前に立った妊婦さんに席を譲ってあげる。そういう物理的な意味合いで相手に譲ることも大切ですが、会話でも相手に譲ることが大切です。

会話をしていて、相手と意見が分かれることもあります。利潤追求が使命の会社の会議であれば、とことん議論を闘わせて最善の結論を導く必要があるかもしれません。しかし、定年後の日常会話では、そんなことはないでしょう。些細な話で自分のほうが正しいと思っていても、相手を差し置いて意見を通そうとしないことです。

自分にとっての正論が、常に最善策とは限りません。

まずは相手をすべて受け入れてしまう懐の深さをもつ。主役を相手に譲って、自分は脇役に徹する。そんなゆったりとした優しさは、周囲の人間を惹きつけます。

「相手を立てて、褒めて、譲る」

前述した「逆らわず、いつもニコニコ、従わず」ということにも通じますが、こういった処世術は、会社勤めでさんざん経験してきたことではないでしょうか。

いつの間にか忘れてしまった人も多いのかもしれませんが、こういったことを肩の力を抜いて、サラッと自然にできるようにするのが、好かれるジジイの作法です。

感謝して、応えて、与える

さらに「感謝して、応えて、与える」という相手の立て方ができるようになると、好かれるジジイも達人の域に達します。

先ほど相手に道を譲る余裕をもつことをすすめましたが、逆に道を譲られたら「ありがとうございます」と素直に感謝の意を伝える。些細なことですが、意外と会釈だけして無言で立ち去るケースが多いのではないでしょうか。

日頃から周囲に感謝の意を口にすることで、相手をうれしい気持ちにさせるので自然と好かれるようになります。

「ありがとうございます」だけでなく「お心配り、ありがとうございます」など、相手の気遣いを具体的に褒める言葉をひとつプラスすることで、相手も自分もよりよい気持ちになります。

ただし、感謝というものは演出しすぎるとイヤらしくなるだけですから、慇懃《いんぎん》無礼《ぶれい》にならないように気をつけましょう。

「応える」ということに関しては、頼まれごとをされたときの対応が結構大切です。

無理なことは最初から断る、引き受けるのなら気持ちよく笑顔で引き受ける、引き受けたからには見返りを求めず、精一杯「応える」ということです。相手の心にも一線を越えて踏み込まないという距離感が、相手を楽にします。

最後のひと押しは、周囲の人に喜びや幸せを「与える」人間になることです。19世紀のスイスの哲学者フレデリック・アミエルという人は、名言を多く残していますが、そのひとつに「他者を幸せにすることが、一番確かな幸福である」という有名な言葉があります。

松下幸之助さんや本田宗一郎さんの「利潤よりもお客様第一」という思想にも通じる、「人に与えた幸せは自分に返ってくる」ということなのですね。「情けは人のためならず」という諺と同じだと僕は思っています。

感謝して、応えて、与えるということは結局、謙虚になるということに通じます。

そして、それは「相手や周りの人の思いを感じとる気配り」なのだと思います。

人づき合いを整理する

サラリーマンとして生きてきて、ある程度の役職に就いて退職した場合、退職後も年賀状を３００枚くらい出しているという人が結構います。

でも、その３００人と交流があるかといえば、在職中でも半分くらいはなかったのではないでしょうか。

ましてや退職後であれば、その8～9割とは交流がないと思うのです。

そんな相手に対して、惰性で何百枚ものハガキにおカネを使い、大切な時間を費やすのは、もうやめたほうがいいです。

そもそも「去年も出したから今年も出す」「やめるにやめられない」という妙な習慣がある人が多いです。

定年退職はいい機会だと思うので、この機に人づき合いを取捨選択すべきだと思います。

先方だって、つき合いがなくなったのに年賀状を書くのは大変だと思っているはずです。

次に年賀状を出すときに、「どうかお気を悪くなさらないでください。お互いにもうそろそろこういうやりとりはやめにしませんか？」とでも書いて最後にすればいいのです。

あるいは、「私も年をとりましたので、年賀状を書くのが大変になってきました。来年からは年賀状をやめますので、これにて失礼させていただきます」といったように書いて送れば、来年からは年賀状を書かなくてよくなります。

お中元やお歳暮をやめる

そんなドライなことをいっている僕も、かつては元旦に年賀状が届くのを楽しみにしていました。

朝、ポストからとってきた年賀状を、こたつでミカンなんかを食べながら一枚ずつ見て、「頑張って芋版作ったんだな」「達筆だな」などと、送り主の顔を思い浮かべるのです。

それが今では印刷したものが多く、住所までパソコンの文字で、自筆の文字がまったく書かれていないケースもあります。そんな年賀状をもらっても、うれしくもなんともない。

これじゃただのおカネと時間の浪費でしかありませんから、やめたほうがいいです。

お中元やお歳暮も同じく、やめたほうがいいです。

こちらは年賀状より経済的負担が大きいですから、定年後も惰性で続ければ切実な問題にもなってきます。

これも、「もしかしたらお互いに負担になっていると思うので、もうやめにしませんか？」と伝えればいいのです。

これから葬儀に呼ばれる機会だって増えるのですから、あまり広い人間関係をもっていると、ことあるごとに出費が大きくなります。

思い切って人間関係を絞り、身軽にしていくほうがいいです。

仕事をしている間は、好きでもない人の「肩書」とつき合わなければいけないことも少なくありません。

退職をすれば肩書による利害関係はなくなるわけですから、好きでもない人と無理してつき合う必要はなくなります。


仕事上の理由で周囲に人が集まっていたのに、「自分は慕われている」と誤解してしまう人も、実はいるのです。

私の知り合いに、定年退職をしてから自分の名前を冠した「○○杯」というゴルフコンペを開催した人がいました。

仕事上つき合いのあった人たちを集めて、楽しい時間を過ごそうと、大勢に案内状を送ったのですが、わずか数人しか集まりませんでした。

そのときになって、やっと周囲の人たちは自分の肩書とつき合っていたことを身に沁《し》みてわかったのでした。

定年後は、ゴルフや飲み会に参加するのが経済的に厳しくなって、なかなか出席できなくなったり、遠方の実家に帰ってしまって、東京までやって来るのが大変だったりする人も多くなります。

会社で仕事をしている頃は経費で落とせたものも、すべてが自己負担となると、つき合いが悪くなるのは仕方のないことです。

そうやって、だんだん疎遠になっていく人が多くなるのは、さみしいかもしれませんが、仕方がないことだと割り切ったほうがいいです。

年をとってくると、かつて仲がよかった人でも自然と疎遠になったり、それまではあまりつき合いのなかった近所の人と親密になったりすることもあるのです。

第二章

妻と子どもから自立して上機嫌

妻から自立する

何十年も通い続けた会社も、いよいよ定年を迎える。その後は、それまでの会社人生とは違った新しい環境に身を置くことになります。

自分を取り囲む環境が一変するのですから、ハッピー・リタイアメントとなるかどうかは、アナタ次第です。

新しい環境でどういう立ち位置になるのか、自分にどういう役割があるのかを考えて、「自立する」という意識が大切になります。

特に「妻からの自立」が必要です。

掃除、洗濯、料理、子育て……長い結婚生活において、大なり小なり、誰でも奥さんに依存してきたところがあるでしょう。

若い世代の共働き夫婦だと、夫が積極的に家事を手伝うケースも増えているようですが、すでに定年を迎えている世代は、「妻任せ」という夫が大半だと思います。

特に仕事一筋で生きてきたようなタイプは、家事のほとんどを依存してきたことでしょう。これについては時代背景もありますから、仕方のないことだと思います。

総務省の統計によると、現在の60代の多くが結婚した時期の1980年には、専業主婦世帯が共働き世帯の2倍くらいだったそうです。

その後、1990年代にほぼ同数で推移し、2000年あたりから共働き世帯が上回るようになり、2014年には共働き世帯が専業主婦世帯の2倍くらいになるという逆転現象が起こりました。

2014年の統計を妻の年代別で見ると、「35〜44歳」「45〜54歳」が、共働き世帯全体の約3分の1ずつを占めています。

夫婦の年齢差について考慮しなければいけませんが、大まかに見れば、現在の60代は、専業主婦世帯が多数を占める最後の世代ということになるでしょう。

共働きが主流になってきてからは、夫も家事に参加する必要が出てきました。ところが、専業主婦世帯が主流の時代には、「家事は妻の役割」と考えられ、夫は仕事に邁進するのが当たり前だったわけです。

僕は、これ自体は悪いことだと思っていません。それぞれに時代背景があり、それぞれの家庭で夫婦の役割分担が成立して、二人三脚で生き抜いてきたのなら、それはそれでいいのではないかと思うからです。

問題は、子育てが終わって子どもたちが自立し、夫婦ふたりの生活に戻ったときです。

妻を楽に自由にする

「夫が収入を得て、妻が家庭を守って子育てをするという、野生動物のオスとメスに近い役割分担で生きてきたけれど、子どもが独立し、夫は仕事を離れた」

この文章を読んで、「大変な思いをして働き続けた夫も、やっと御役御免だな」と感じた男は、すでに夫婦間に問題を抱えているか、近い将来に問題が生じる可能性が高いでしょう。

それは相手の立場になって物事を考えられていないからです。

夫が頑張って働いている間、妻も頑張って毎日やりたいことを我慢しながら子育てをしてきたのですから、「これで御役御免」という気持ちは同じなのです。

夫が定年を迎えたら、妻が「これからは夫のためでも子のためでもなく、自分のための人生を歩みたい」と考えるのは当然のことでしょう。

そういうことに考えが及ばず、定年後も「メシ」「風呂」と要求するなど、亭主関白のような態度をとり続ければ、抑えに抑えてきた妻の気持ちが爆発して、それこそ「熟年離婚」という結末を招きかねません。

それは妻に依存する〝夫の甘え〟でしかないからです。

老後になって、妻に見放された男の末路は悲惨です。

食事、掃除、洗濯と、家庭生活全般を妻に依存していた男は、なにもできない状態になります。食生活の乱れも相まって心身ともに衰え、早死にする確率さえ高まるのです。

そういう状態になったら、人生を楽しむどころの話じゃなくなります。

健康的に人生を楽しむためにも、まずは一番身近な存在である妻から自立しなければならないのです。

「自立する」といっても、堅苦しく考える必要はありませんし、そんなに難しいことでもありません。ふたりの独立した人間が同居していると考えて、奥さんを楽に、自由にしてあげればいいのです。

そのためには家事も半分はこなして、もちろん食事も作ってあげる。奥さんが自由になれる時間を大切にしてあげるのです。

料理だって、やってみれば楽しいものです（詳しくは拙著『弘兼流60歳からの楽々男メシ』（マガジンハウス）を参考にしてみてください）。

自立した夫婦関係で、お互いにそれぞれの人生を楽しむ。一緒に楽しめることがあったら、共有すればいい。

これくらいの距離感が気楽で、一番いいのではないかと思います。

子どもに依存しない

定年後、妻だけでなく、子どもに依存する男も多いです。

その背景には、「これまで養ってやったんだから、面倒みてくれよ。それに自分だって親の面倒をみてきたんだから、わが子に老後の面倒をみてもらうのは当然でしょ」という発想が見え隠れします。

戦後の１９４７（昭和22）年～49（昭和24）年に生まれた僕たち団塊の世代は、結婚してから両親と同居しない夫婦が多い「核家族化」という新しい社会現象を生み出しました。

僕たちが子どもの頃は、三世代、四世代の家族が同居することは当たり前だったのですが、戦後の教育を受けて「家」や「家長制」という封建的な考え方を否定するようになり、親とは別居する道を選択した人が多いように思います。

親と別居したからといって、疎遠になるわけではありません。

遠く離れて暮らしていても、盆や正月には孫の顔を見せに実家へ帰るし、最後は親の面倒をみるつもりでいたのです。実際に親を介護したり、自宅を二世帯住宅にしたりして、親を呼び寄せた人も多いはずです。

だから、自分も最後はわが子に面倒をみてもらいたいという発想になるのですが、そうしなくても済む環境にいるのならば、子どもとは別に自立して暮らしたほうがいいと僕は思います。

そもそも今は、三世代とか四世代で一緒に住めるような大きな家は少ないですし、二世帯住宅にしたって簡単に建てられるものではありません。

「スープの冷めない距離」という比喩表現がありますけれど、子どもの家族がそう遠くないところに住んでいて、気が向いたら気軽に実家へ立ち寄れるくらいの距離感がベストのように思います。

親子それぞれの世帯が同居するのは、とても神経を使います。嫁舅《よめしゅうと》の関係はうまくいっているように見えても、お互いにストレスを溜めつつ、我慢しながら、なんとかうまくやっているケースがほとんどだといいます。

僕自身は、子どもに依存しないし、依存もさせない生き方を今後とも通したいです。

子どもに財産を残さない

「子孫に美田を残さず」とは、老子の言葉です。西郷隆盛の「児孫の為に美田を買わず」という言葉もよく知られています。

いずれも、土地が肥えていて作物がよく穫れる田んぼを買ったりして財産を残すと、子孫は仕事をせず、のん気に生活を送ることになり、結局はためにならないことの教訓です。

親から与えられる財産に依存するのでは、子孫が自分で人生を切り拓く機会が奪われ、結局は家を滅ぼしてしまうと危惧したのです。

この言葉のとおり、無理に財産を残す必要はありません。そのほうが、子どもたちのためになるからです。

戦後、日本国憲法が制定されるまでは、「家制度」というものがありました。もともとは江戸時代の「家長制度」を明治時代になってから民法で定めたもので、「家」という家族制度を「戸主《こしゅ》」と「家族」から構成したものです。

戸主が家を統率し、先代から受け継いだ土地、財産、血筋を、次の世代に引き継がせる責任があったのです。

この家制度では長男が次の戸主を引き継ぎますから、特別な存在とされました。長男が戸主になる際には、その家の仕事や財産をひとりで相続するのが普通だったのです。

だから戦前は相続争いというものが、ほとんどありませんでした。「家」は法律で守られ、相続税も低率で、地主は地主のまま世代交代をすることができたのです。

前述した西郷隆盛の言葉は、こういう時代のものですから、戦後に家制度が廃止され、さらに核家族化が進んだ現代には、同じ意味合いで当てはめることはできません。しかし、子どもの自立心を大切に思う気持ちは同じだと思います。「親心」というより「家心」といった観点から、子が親に依存するのを否定したのです。

逆に親がわが子に依存しないためには、自分が介護される日を考えて、子どもに負担をかけない貯えだけは用意しておいたほうがいいでしょう。

もちろん、人によって懐事情はさまざまですが、身内の荷物にならないということが自立のカギだと思います。

独居を楽しむ

「独居老人」と呼ばれる、ひとり暮らしの高齢者が増えています。

２０１４年の統計では、65歳以上の人口約３４００万人のうち、夫婦ふたり暮らしが38％、配偶者のいない子どもとの同居が26・８％、ひとり暮らし（独居老人）が17・４％、子ども夫婦との同居が13・８％となっていますが、10年前に比べると、独居老人が大幅に増えているのです。

２０１５年の内閣府の推定によると、独居老人は日本全国に６００万人以上いるそうです。

２０３５年には独居老人が、全世帯の15・３％に達するという厚労省の推計もあります。

こういうふうにいうと、なんだか〝孤独でかわいそうな老人〟が増えているような印象をもたれるかもしれません。

しかし、僕は「独居＝孤独」というわけではないと思うのです。

孤独とは、身寄りも友だちもいなくて、ひとりぼっちで寂しい状態のことを意味します。その点、すべての独居老人が孤独だと考えるのは、大きな間違いです。すべての独居老人が肉親や近隣とのつながりも助けもなく、話し相手もいなくて寂しい思いをしているわけではありません。

地域のコミュニティにうまく溶け込んで、毎日、朝のラジオ体操なんかで顔を合わせながら、それなりに楽しく過ごしている人だって多いのです。

今後、ひとり暮らしの高齢者は、ますます増えると予想されていますが、これには「ひとり暮らしが楽しい」という背景もあるということです。

核家族の割合が高くなった僕たち世代の高齢者の数が増えているのですから、配偶者に先立たれてひとり暮らしをするというケースが増えて当然です。

そして、配偶者に先立たれてひとり暮らしになっても、子どもと同居することを選ばない人が急増しています。

そういう人たちは、住み慣れた土地に住んで、ひとり暮らしをしながら、自由気ままに暮らしたいと考えているのです。

ひとり暮らしだと体調を崩したときの不安もありますが、顔なじみの友だちが周囲にひとりやふたりいるだけでも、同居する家族に日々気を遣うことに比べると幸せというわけです。

実際、家族と同居している高齢者より、ひとり暮らしをしている高齢者のほうが、生活の満足度が高く、悩みも少ないという調査結果もあります。

高齢者のひとり暮らしの多くは、本人が選択した自立の形なのですから、「独居老人」などと呼んで周囲が心配するのは余計なお世話なのです。

「もしも」のときの対策はとっておく

ひとり暮らしを楽しむ高齢者は、圧倒的に女性のほうが多いです。

配偶者に先立たれた後、自立できずに弱くなってしまう男が多いのに対して、女性は家庭という枠から解放されて、独居生活を謳歌できる人が多いのです。

男がひとりになったとき、ひとり暮らしを気楽に楽しむためにも、定年退職して第二の人生を歩み始めたならば、自立して準備しておく必要があります。

高齢者のひとり暮らしで心配なことは、急に動けなくなるようなケガや病気です。そんなときに助けを呼べるようにしておく必要はあります。

ちょっとした段差でつまずいて、足腰を骨折して寝たきりになってしまうケースもよく聞きます。

「必要以上に広いところには住まない」「必要なものしか置かない」といった、高齢者ゆえの環境整備にも配慮しておくべきでしょう。

突然死だって、想定しておかなければいけません。

独居老人が一番迷惑をかけてしまうのは、孤独死をして時間が経ってから発見されるケースです。

それを避ける意味でも、友人や子どもたちと、電話やメールでちょくちょく連絡をとり合うようにしているという話もよく聞きます。

ポストに新聞がしばらく溜まっていたら警察に通報してもらうように、新聞配達店に頼んでいる人もいるそうです。

その点、無線通信機を内蔵した電気ポットを使って、離れて暮らす家族のスマホやパソコンに安否確認のメールが自動送信されるという便利なサービスもあります。

これは象印マホービンの「みまもりほっとライン」というものなのですが、なかなか面白いアイデアだと思います。

さらに自分が倒れてしまったとき、第一発見者に自分の健康状態の情報や緊急時の薬などの所在がわかるように、袋にまとめて〝冷蔵庫〟のなかに入れておくというアイデアもあります。

冷蔵庫のドアに「薬」と大きく書いた紙を貼っておくのも一手ですね。

いずれにしても、さまざまな対策をとりつつ、ひとり暮らしを楽しむという選択は尊重すべきだと思います。

幸せや成功を人と比べない

かつて僕が勤めていた松下電器産業（現パナソニック）の創業者、松下幸之助さんは、「人間の幸福や成功とはなにか」を常に考えていた方です。

松下さんは１９４６（昭和21）年に「ＰＨＰ研究所」を創設しましたが、このＰＨＰとは「繁栄を通して平和と幸福を実現しよう（Peace and Happiness through Prosperity）」の頭文字をとったものです。

松下さんはＰＨＰ研究所の活動を通じて、特に「幸福とはなにか」についての研究を重ねました。

幸福を定義することは、人それぞれに価値観が違うので、とても難しいものです。

自分が起こした会社が大きくなることに幸せを感じる人もいれば、庭の花がきれいに咲いたことに幸せを感じる人もいます。

また、孫ができたことに幸せを感じる人もいて、なにが真の幸福かの答えは、あまりにも多種多様です。

松下さんは、幸せは百人百様であることを前提としつつ、「幸福の3つの条件」を提示しています。

ひとつは、自分が幸せだと感じること。

自分が幸せだと感じられないことには、どんなに周りから幸せだと見られていても、自分にとっての幸せとはいえません。

おカネ持ちは幸せそうに見えるかもしれませんが、本人は自分の思うように生きられなくて、不幸だと感じているかもしれないのです。

2つ目は、世間の人々もその幸せに賛意を表してくれること。

自分の口を潤すために周囲の人がつらい思いをしている状況が許されれば、社会は成り立たなくなります。

自分が幸せだと感じると同時に、世間の人たちから認められる社会性が必要だということです。

3つ目は、社会にプラスし、周囲の人々に幸せをもたらすこと。

真の幸せとは、自分だけでなく周囲も幸せにすること、社会のために役立つことだというのです。

さらに、幸せは必ずしも地位や名誉や財産を必要としないもので、真の成功とは、自分に与えられた「天分」を活かし切ることだとも松下さんはおっしゃっています。

天分とは、生まれつき与えられている、それぞれ異なった個性や才能のことです。この天分を活かすことが、人としての成功だというのです。

これはいわば生まれもった個性ですから、成功の姿は人によって違います。ある人は大臣になることが成功かもしれないし、またある人は漫画家として生きることが成功かもしれないのです。

人それぞれ違う天分を生まれもっているのですから、家庭環境も経済状況も社会的地位も違って当然です。

「オレとアイツで、どっちのほうが成功したか」などと幸せを人と比べても意味がありません。

定年退職などで社会環境がガラッと変わる第二の人生では、過去の栄光や肩書を捨てて再スタートを切る人も多いでしょう。

僕のように自営業で定年退職に関係なく仕事を続けている人でも、高齢者やシニアというくくりに入ることで、自分を取り巻く社会環境は変わってきます。

だから、会社員でなくて自営業の人も、第二の人生と考えていいのではないかと思います。

その第二の人生において、自分は幸せだと思えるようになるために一番必要なものはなにかといえば、「生きがい」を感じられる楽しい時間じゃないでしょうか。

社会のお荷物にならず、自立して天分を活かした生きがいを見いだし、それが楽しくて少しでも人の役に立つことであれば、とても幸福な人生だと思うのです。

第三章

上機嫌な「死に方」

墓参りなんていらない

ひどい話だと思われるかもしれませんが、僕はおやじの墓参りに一度も行ったことがありません。

家で仏壇に向かって拝むこともないのです。

どうしても墓に行かなければいけないときは、家政婦さんに頼んで行ってもらっています。

弘兼家の墓は、親族でもなんでもない、全然関係のない人が掃除をしたり花を供えたりしているわけです。

僕は、人間の宗教観には興味がありますけれど、特に信心している宗教はありません。宗教的なことは、あまり好きじゃないというのが正直なところです。

そもそも、「拝む」とか「祈る」といった行為自体が好きじゃないのです。

田舎じゃバチ当たりだといわれているかもしれません。でも、バチなんて当たりゃしません。

人間は死んだらそこで終わり、天国も地獄もない。

お墓というのは遺骨を置いてあるところで、それ以上でもそれ以下でもない。

仏壇は位牌《いはい》を置いてあるところにすぎない。

僕は、そう思っているのです。

人は死んだらそこで終わり

実は、墓を作るという習慣は、日本古来の神道にも、本来の仏教にもありません。儒教の影響によるところが大きいそうで、それゆえ韓国では墓がとても大事にされるわけです。

ちょっと古いですが、1996年の調査によると、韓国人ひとり当たりの住居の平均面積は4・3坪ですが、死者ひとり当たりの墓地の平均面積は15坪もあります。

儒教では土葬してひとりひとり埋葬するため、墓地の面積が広いのですが、これではどう考えても墓地が不足してしまいます。

そのため、韓国でも近年は火葬が増えてきたようです。

日本では火葬が一般的ですが、火葬して墓に納骨するという習慣が広く普及したのは昭和30年頃といわれています。現代の日本人が墓に対してもっている考え方は、かなり最近になってからのものなのです。

一方、仏壇とは、もともと〝自分の家に寺を作る〟という発想で生まれたものです。

平安時代の貴族などは、自分の領地に神社を建立したり、寺を建立して仏像を祀《まつ》ったりして、先祖の霊を鎮魂しました。

しかし、神社や寺を建てるなどということは、一般の人にできることではないので、その〝ミニチュア版〟となる神棚や仏壇を家のなかに設けたわけです。

そういうことになると、死んだ人の霊魂は、墓と仏壇のどちらにいるのかという疑問が生まれます。

そうしたときに、よくいわれるのは「祈る人のいるところに降りてくる」という考え方です。

ところが、そもそも仏教では霊魂の存在を語っていません。霊魂の存在を否定しているという解釈もあるくらいです。

それなのに、なぜ祈ったり拝んだりするのか。それは、亡くなった人を偲《しの》ぶということにあるといわれます。しかし、霊魂のようなものはないのですから、どこで偲んでも同じじゃないかと僕自身は思うのです。

墓石や位牌に向かって拝むという行為は、慣習として受け継がれてきただけのこと。それをしなかったら、バチが当たるかといえば、そんなことはありません。ただ、汚くしておくと周囲に迷惑をかけますから、たまに墓掃除に行かなければならないとは思います。でも、それは自分でなくても、肉親でなくても、行ける人に頼めばいいわけです。

生きている間に、自分は死んだら霊魂となってなにかをしようと考える人がいるのかどうかわかりませんが、宗教にすがるということはそういうことだと思います。

自分の死後をなにかに託すということです。

僕にはそういう気がまったくありません。僕自身は、死んだらプツッと意識が途切れて、そこで終わりだと思っていますから、すべてはそれまでの話です。

生きている間がすべて。

生きている間にできるだけ楽しんだり、喜んだりしたいと思っているのです。

戒名なんてクソくらえ

葬儀というものは、人それぞれやりたいようにやれば、それでいいと思います。

僕は先祖の墓参りに行かないくらいですから、自分の葬儀も、残された家族がやりたいようにやってくれれば、それでいいと思っています。

どうせ自分は死んでしまっているのですから、戒名（院号）だってどうでもいいです。

僕とは違って死んだら成仏したいと考える人は、寺に戒名をつけてもらって位牌を作ってもらい、子孫に拝んでもらって安心して死ねるほうがいいのでしょう。

人それぞれですから、それはそれでいいと思います。


でも今は、そういう多くの日本人が行ってきた葬儀に対して、疑問を抱いている人も多くなってきました。

僕の周りで肉親の葬儀を出した人の話を聞いてみても、葬儀は寺のいいなりになるケースが多く、あまりにもおカネがかかる。こんなことが本当に必要なのだろうかと思うこともあります。

戒名のランクづけで値段がぜんぜん違うというのも、あれほどバカらしいものはありません。

現代のほとんどの寺は、仏教寺院というような崇高なものではなく、子どもに後を継がせる家業になってしまっています。だから、その寺に縁がなければ、あえて儲けさせる必要はないと思うのです。

墓や戒名がなくても、別に問題はないのですから。

生前の名前を「俗名」といいますが、芸能人が亡くなると、遺言によって俗名のまま葬られたという話をよく聞きます。

また近頃では、後継者がいなくなったために、先祖代々の墓を更地にして返還する「墓じまい」をして、寺に永代供養を頼む高齢者が増えています。

こういう決断は、とてもいいことだと思います。必要がなければ、墓なんぞなくてもいいのです。

墓も戒名もいらない、散骨してくれていい

墓じまいの一環として、自分や遺族の意志で、火葬した後の遺灰を海などに散骨する「自然葬」を望む人も急増しています。

「自然に還りたい」という思いを抱く人が増えたといわれていますが、考えてみれば、自然を神と崇めて共存していた昔の日本人の在り方に戻ったということです。

石原裕次郎さんが1987年に亡くなったとき、兄の慎太郎さんが「海を愛していた弟は海に還してあげたい」と海洋散骨をしようとしたのですが、実現できなかったことがあります。

それというのも、「墓地、埋葬等に関する法律」で、墓地以外の区域に遺体の埋葬や遺骨の埋蔵をしてはならないと決められていたからです。

しかし、これは土葬を想定した古い法律だったので、「葬送の自由をすすめる会」という市民団体が抗議をしました。

そして、１９９１年に神奈川県の海で散骨が行われると、法務省や厚生省（当時）も「葬送のための祭祀で、節度をもって行われる限り違法ではない」と追認する形で認められるようになりました。

おカネをかけて派手な飾りつけをするだけの葬儀や、お寺の葬儀ビジネスに疑問を抱く人は増える一方ですから、今後は「自然に還りたい」という故人の遺志を尊重する自然葬がますます増えてくるでしょう。

僕も、墓も戒名もいらないので、散骨してくれてもいいと思っています。

でも、「墓は作ってくれるな」などというと、残された家族がかえって面倒な思いをしそうなので、「やりやすいようにやってくれればいい」とだけ伝えています。

今はどこの葬儀社でも、僧侶なし、戒名なし、身内中心の「家族葬」というパッケージがあるそうなので、寺も戒名もいらないという人は、そういい残しておけば、残った家族に負担をかけずに済むと思います。

在宅死のすすめ

僕の理想の死に方は、藤子・F・不二雄さんのように、漫画を描きながら机に突っ伏して死ぬことです。

自殺ではない限り、いつ、どうやって死ぬかは自分で決められませんから、そううまくはいかないでしょうが、病院に入って刻一刻と死が近づいてくることを感じながら最期を迎えるのは一番避けたいです。

元気に仕事を続けて、ある日、コロリと逝く「ピンピンコロリ」で死にたい。仕事場にはアシスタントがいますから、仕事を続けていれば、誰にも看取られずに「孤独死」することはないと思いますが、もともと僕は「孤独」というものが嫌いではありません。

これまでの人生も一匹狼のように、ひとりの時間を大切にしてきたほうなので、孤独死もそう悪いことではないと思っているのです。

孤独死が暗いイメージを含んできたのは、やはり周囲が気づかないまま遺体が発見されるまでに時間がかかる「孤立死」が多かったからです。

ひとり暮らしをしていても、日頃から周囲のコミュニティと接点をもっていれば孤立はしません。

しかし、ひとり暮らしの高齢者に死期が迫ってくると、家族やケアマネジャーが「そろそろ病院に入院したほうがいい」と判断するケースが多かったです。

最近になって医療費を抑制する目的もあり、政府は重度の要介護状態となっても、できる限り住み慣れた自宅で療養できる在宅医療の推進を始めました。〝ひとり暮らしの在宅死〟を社会が認め出したということです。

高齢者の8割以上が「自宅で死にたい」と考えているといいます。

社会学者の上野千鶴子さんは、著書『おひとりさまの最期』で、ひとり暮らしをする高齢者の「在宅ひとり死」を提唱しています。

これまで安心して在宅死を迎えるには、家族と同居して十分な医療や介護を受けられる環境が必要だといわれてきました。

しかし、上野さんはひとり暮らしの「おひとりさま」でも、在宅死をまっとうできる時代になってきたというのです。

「ひとり暮らし＝孤立」ではありませんから、「孤独死＝孤立死」ではありません。上野さんは、本人の意思である「在宅ひとり死」を孤独死などと呼んで憐れむようなことは、やめるべきだというのですが、僕もまったくそのとおりだと共感します。

まだまだ訪問介護や看護、医療の体制は整っているとはいえませんが、上野さんが主張するように、「エンディング・マネジャー」や「看取り士」といった人材の育成が進んで、ひとり暮らしでも社会との接点を維持できるようになれば、安心して「在宅ひとり死」をまっとうできるようになると思います。

自分の死を人の役に立てる

多くの高齢者が在宅死を望んでいるのは、病院より住み慣れたわが家で最期を迎えたいという理由がほとんどでしょう。

もちろん、その気持ちは理解できます。

でも、僕が在宅死をすすめる理由はもっと能動的なもので、自分の死を少しでも人の役に立てられたらいいと思うからです。

自分が望む在宅死を選択して、しかも人の役に立てられたら、こんなにいいことはないと思うのです。

では、どうやったら自分の死を人の役に立てられるのか。

ひとつは、自分の死に様を子孫に見せるという、死にゆく人間の役割をまっとうすることです。

今、在宅死を望む高齢者が増えていても、実際のところ8割が病院で亡くなっています。しかし、日本がそういう状況になったのは、比較的最近のことです。そもそも入院医療が発展したのは戦後のことで、1950年代になっても、今とは逆に8割の人が自宅で亡くなっていたのです。

当時は医療施設が十分でなかったこともあり、どこの家でもお医者さんが往診に来るというのが普通のことでした。

入院医療の発展に連動して、自宅で亡くなる人の割合は1960年代に6割に減り、1970年代半ばには病院で亡くなる人のほうが上回りました。そして、いつの間にか病院で死ぬということが、当たり前のようになってしまったのです。

僕が子どもの頃は、友だちと小学校から帰る途中に線香のにおいが漂ってきて、通学路の脇にある家からお経をあげる声が聞こえてくることがありました。すだれ越しに家のなかを覗《のぞ》くと、顔に白い布をかぶせた遺体が横たわっているというような経験が何度もあったのです。

子どもながらに、「ああ、この家の人が死んだんだ」とわかり、少し怖いような気持ちになったものです。

大家族での同居が当たり前の時代でしたから、自分の家でおじいちゃんやおばあちゃんが亡くなる経験をする子も多かったです。

昨日まで会話をしていた人が動かなくなって冷たくなることにショックを受けたりするのですが、そうやって自然と「死」というものを受け入れられるようになりました。

今のように核家族が当たり前で、しかも病院で亡くなる人が多くなると、子どもたちは身近で人が死ぬという経験がないまま大人になっていきます。

その結果、人の死をどうとらえていいのかわからず、命の尊さもよくわからないという、死生観が欠如した大人が増えてしまいました。

だから僕は、自分が死んでいく様を身内に見せてやることは、最期にできる社会貢献ではないかと思うのです。

在宅死が人の役に立つもうひとつの理由は、病院のベッドを空けられるということです。

厚生労働省の調査（2015年）によると、65歳以上の入院者数が、35～64歳の入院者数の約4倍に上ります。僕ら団塊の世代が70代を過ごすことになる今後は、高齢者の割合がさらに上がることが予想されます。

先のない高齢者が、病床を占領してしまってはいけないと思うのです。もっと将来のある世代が、社会復帰をするために使うべきです。

僕ら団塊の世代が、積極的に在宅死を選択する意味は大きいと思います。

介護や延命治療の意思を伝えておく

何度か述べているように、僕の葬儀は、家族のやりやすいようにやってくれれば、どうやってくれてもいいと思っています。

そのときに大事なのは、家族が迷わないように、自分の気持ちをしっかりと伝えておくことです。

僕も真似をしようと思いつつ、まだ実行できていないのですが、毎年、正月に遺言を書き直している知人がいます。

新年を迎えて晴れ晴れした気持ちで、自分が死んだ後のことを、あれはこうしてほしいとか、あれは誰々に譲るなどと書くのです。

「死んだ後のこと」といいましたが、突然倒れてしまったときのために「死ぬ前のこと」も書いておく必要があります。むしろ、死ぬ前のことのほうが重要かもしれません。

そこで、家族のために死ぬ前に書き残しておいたほうがいい項目を列記してみましょう。

- **通帳やキャッシュカード、保険や株式などの保管場所**
- **年金やその他の収入と毎月の支払っているものなど**
- **食べ物の好み、アレルギーの有無、病歴やケガの履歴、服用している薬**

・主治医と緊急時の搬送先
・入院や手術に関する希望
・どのような介護を望むか
・健康保険と介護保険の保険証の保管場所
・余命告知や延命治療、臓器提供に関する希望
・長期入院や危篤状態になったときに知らせてほしい人の連絡先

家族に余計な負担をかけないためにも、自分の意思を伝えられなくなったときのことを想定して、介護や延命治療についての意思をはっきりと書いておくことはとても大事なことです。

日本では、終末期の患者が延命措置を望まないといった「尊厳死」が法制化されていません。

そのため、たとえば脳梗塞《こうそく》や脳出血などで意識がなくなって自発呼吸ができない状態になったとき、一度人工呼吸器を装着してしまうと、いくら家族が望んでも医師が人工呼吸器を外すことはできません。殺人罪に問われるかもしれないからです。

延命治療や尊厳死の問題が注目されている昨今は、家族に意思を伝えている人は多くなっているかもしれません。

しかし、自筆の書面として残しておかないと、本人の意思だと認めない病院もあります。

がんの末期治療などであれば、話せるうちに意思を伝えることもできますが、脳梗塞などで倒れたまま意識不明になることもあり得ますから、自筆で書面を残しておいたほうが無難です。

延命治療は、回復の見込みがなく、死期が迫っている患者を、人工呼吸器や点滴などで生命維持する医療のことです。

自分がそういう状態になったら延命治療などしてほしくないと思っている人は多くても、倒れて意識がなくなってからでは意思表明ができません。

元気なうちに、もしくは病気になっても判断力があるうちに「どのような延命措置を講じていても病から回復する可能性がなく、なおかつ外界に反応せず、意識が平坦になった場合には治療をしない」といった内容で、延命治療を不要とする意思を明記した「リビングウィル」（尊厳死の宣言書）を書く人が日本でも増えています。

「9割以上の人が延命治療を望んでいない」というNHKの調査もあります。その半面、回復の見込みがなく、リビングウィルがあったとしても、医療の現場で延命措置がとられるケースは、あまり減っていません。

日本ではまだ尊厳死が法制化されていないので、最終的には医療現場の判断に委《ゆだ》ねられているからです。

日本は超高齢社会となった今こそ、尊厳死や安楽死の問題に本気で取り組まなければいけない時期にきているのではないかと思います。

第四章

上機嫌に健康長寿

ストレスを溜めない

「かぜは万病のもと」とよくいわれますが、「ストレスも万病のもと」です。

もともと「ストレス」は物理学の用語で、物体になんらかの刺激が加わったとき、その物体の内部に生じる「歪み」を意味します。

一般的に使われているストレスとは、心や体に受けた刺激に対する反応です。だから、ストレスが完全にない生活というものはあり得ません。

それだけに人間の体は、さまざまなストレスに対して無意識のうちに反応し、体を健康に保とうとする「自然治癒力」が備わっています。


ところがストレスが大きすぎたり、あまりに度重なったりすると、この機能がしっかりと働かなくなってしまい、心や体にダメージを負ってしまうのです。

ただし、極端にストレスが少ない生活をしていても、ストレスに対する抵抗力が落ちてしまいます。

その状態で大きなストレスを受けてしまうと、深刻なダメージを受けやすくなるのです。

多少の心配をかけたほうが親は長生きするといいますが、やはり適度なストレスは健康長寿に不可欠なものです。

同じようなストレスを受けても、それが負担になる人と、ちっとも負担にならない人がいます。

誰かからイヤミをいわれても、それが大きなストレスとなって思い悩む人もいれば、気にも留めずに受け流す人もいるわけです。

僕の場合は、普通なら強いストレスを感じるようなことでも「ま、いいか」と切り捨てることで、余計なストレスを溜めずに済んでいるように思います。

意識して悪いストレスに対処する

「嫌なことは忘れてしまえばいい」といいますが、なかなかそうもできないものです。

そこで弘兼流の悪いストレスへの対処法を3つ紹介しましょう。

まず、シンプルに目の前のものごとに集中することです。

家事でも新聞を読むことでも、ほんの些細なことでいいです。目の前のものごとに集中すると、シンプルに嫌なことを考えずに済みます。

大相撲中継の勝利者インタビューで「優勝を意識していますか?」と聞かれた力士が、「一番一番を大切にしていきたいです」というふうに答えるシーンがよくあります。

あれは目の前の取り組みに集中することで、余計なストレスを避ける手段になっているそうです。

同じことが日頃のストレス対処に応用できるということです。

次は、自分を束縛している固定観念を捨ててしまうこと。

生真面目な性格の人に多いのが、「こうあるべき」「こうしなくてはいけない」という独自の固定観念が強いために、現実とのギャップに苦しんでストレスを抱えてしまうケースです。

固定観念というものは長い年月のなかで植えつけられたものですから、無意識のままでは払拭できません。

コツは「もう少し視野を広くしてみる意識をもつ」ことにあります。「やらないよりはマシ」「こうするほうがいいかもしれない」というくらいに柔軟性をもたせて考えたほうが、力が抜けていい結果を生むことが多いものです。

そうすれば自分に寛容になり、精神的にとても楽になります。

最後は、完璧主義をやめること。

完璧主義も度がすぎると心身の負担になってしまいます。

会社員時代に、上司から「失敗してもいいからやってみろ」などと背中を押されて、「よし、やってみよう」と自分の可能性を広げられたという経験が一度や二度、あるのではないでしょうか。

逆に「失敗はできない」と思えば大きなストレスとなり、可能性にトライすることも難しくなってしまいます。

不健全な完璧主義がストレスの原因になっている人は、目標を常に１００％の自分ではなく、よりハードルを下げて30～70％程度に幅をもたせて設定してみたらどうでしょうか。

30％以下ではハードルが低すぎて達成感が得られず、70％以上ではハードルが高すぎて現実とのギャップで苦しむことになります。

その点、30～70％というのは、自由度も高く、ほどよいストレスを感じながら達成感を得られやすい設定です。

積極的に笑みをつくってみる

タイ人として初めてメジャー選手権を制し、現在アメリカ女子プロゴルフツアーで活躍中の「アリヤ・ジュタヌガーン」というゴルファーをご存知でしょうか。

彼女は口角を上げて笑みを浮かべてからショットに向かうことをルーティン（行動習慣）にしています。ニッコリとほほ笑むことで、余計な力が抜けるというのです。

ジュタヌガーン選手は、笑みをつくることで心と体の緊張をとっているのですが、笑顔は健康にもいいとされていますから、日常生活でも意識的に笑顔をつくるといいでしょう。

年をとると顔の表情筋も衰えて口角が下がり気味になって、無意識ながらも不機嫌な表情になりがちです。

人間は楽しかったり癒やされたりすると自然と笑顔になりますが、自分で意識して笑顔をつくることでも、楽しさや癒やしを感じることができるそうです。

笑顔をつくることで脳が幸せな状態と錯覚して、〝幸せホルモン〟とも呼ばれる精神を安定させる物質が分泌されるのです。

歯磨きや用を足した後、洗面所で鏡を見るたびに口角を上げて、笑みをつくってみるのもいいでしょうし、動物好きなら自然と笑顔になる機会が増えるペットと暮らすという手もあります。

猫が好きなのに家で飼えない人が、夜な夜な「猫バー」や「猫パブ」に行って、アルコールで心をほぐし、猫を見てほほ笑む気持ちもわかります。

脱・頑張り癖で力を抜く

僕は36歳のときにゴルフを始めて、もう35年くらい続けていますが、ゴルフはいかに余計な力を抜くかがカギを握るスポーツです。

だからこそ、先ほど紹介したようにジュタヌガーン選手は、ショットの前に笑みをつくって心と体の緊張をほぐしているのです。

ゴルフは、50歳をすぎてからスコアを上げる人が多いです。余計な力を抜いてスイングするようになるので、ボールの芯をとらえて飛びやすくなるからです。

若い頃のように力任せにスイングすると、軸が狂ってしまって、地面を叩いたり、ボールの頭を叩いてトップしたりするので、逆に飛ばなくなります。

これを人生に置き換えて考えてみてください。

力を抜いて生きることによって、視野が広がり、物事の許容量が広がり、人生が楽しくなるはずです。

〝頑張り癖〟という厄介な症状があります。

子どもの頃、親や先生から「頑張って」といわれ続けたことが頭に焼きついてしまっていて、大人になってからも頑張りすぎで大きなストレスを抱えてしまう状態です。

子どものうちは心も体も成長を続けていますから、頑張れば達成できることも多いのですが、年をとったらいくら努力をしても無理なことはたくさん出てきます。

普通は大人になる過程で、挫折や失敗を繰り返しながら力を抜く加減を知り、自分を守ることができるようになっていくのですが、それがうまくできない大人もいます。

頑張りすぎてストレスを溜めてしまうことがわかっているのに、頑張ることをやめられない自分が嫌になって、さらにストレスを溜める……そんな悪循環を招いてしまいます。

少し怠けるくらいになれば気も楽になるはずですが、そうせずに頑張ると、今度は自己嫌悪の悪循環にはまってしまい、精神を壊すまで頑張り続けてしまうケースもあります。

これは、これまで挫折を経験しなかったために、力の抜き方がわからないことが原因となっていることが多いようです。

武道の達人は、この「脱力」が上手です。

剣豪の構えは、全身から力が抜けているのに隙がありません。力が抜けているからこそ、次のどんな動きにも素早く移れるわけです。

幕末の頃の写真に写っている武士は、妙に肩が落ちていて、アゴを引いて背筋が伸びていますが、あれは写真を撮るときに姿勢を正したのではなくて、武士の基本とされる脱力の姿勢だと聞いたことがあります。

心理カウンセラーが力の抜き方がわからない〝頑張り癖〟がある人にアドバイスするのが、やはり「笑顔になること」、それに「自分を許すこと」だといいます。

脳内麻薬を得よう

ゴルフは、年相応に楽しみ続けることができるスポーツです。

今も僕は健康のためにゴルフをしていますが、運動はゴルフのようにゲーム性の強いものでないと面白くないと思います。

朝や夕方にウォーキングしている中高年を見かけることもありますが、僕にはウォーキングはどうも向いていない。

ウォーキングが好きな人は、ウェアやシューズにこだわってみたり、歩数計を使いながら、少しずつ距離を伸ばしたりして楽しんでいます。

僕も歩くこと自体は嫌いではないので、散歩しながら小さなことを発見したり、取材がてら見知らぬ街を歩くこともあります。

しかし、歩くことそのものが目的になってしまうと、なかなか続かないでしょうね。


でも、ウォーキングは気軽にできて、体だけでなく脳にもいい影響を与えますから、健康維持と老化防止には最適なのだそうです。

ウォーキングは足腰の筋肉を使うだけかと思っていたら大間違い。全身の8割にあたる筋肉や関節を使う全身運動なのだそうです。

ウォーキングが足腰を強くするとか、体内の余分な脂肪を燃やすといった効果があることは誰でも知っていることでしょうけれど、脳内に〝究極の快楽物質〟ともいわれる「β《ベータ》エンドルフィン」というホルモンを増やす効果もあります。

このホルモンは、「モルヒネ」の数倍の鎮痛作用があるといわれていて、幸福感や高揚感を得ることができる〝脳内麻薬〟ともいわれています。

ジョギングをしていてこの物質がたくさん分泌されると、気分が高揚して疲れを感じなくなり、ふわ～っとした幸福感に包まれる〝ランナーズハイ〟の状態になるといわれています。

歩くことによってストレス解消に結びつくのは、血液の循環が促進されて酸素が体中にいきわたることも影響していますが、このβエンドルフィンの影響がジョギングと同様、とても大きいのです。

非日常を楽しむ

僕がウォーキングをする人にすすめたいのは、「非日常を楽しむ」ということです。毎日同じコースを歩いても、じきに飽きてしまいます。

ときどきは、いつも歩かないところをあえて〝開拓〟してみると、それが非日常を楽しむことにつながります。

自宅の近所であっても、ほんの100m離れただけで、意外に通ったことのない路地があったりするものです。

それ自体が新たな発見であり、結構楽しめるものです。

身体を錆《さ》びつかせない努力は必要ですが、楽しくなければ続きませんから、新たな発見をすることは有効です。

ゴルフは順位を争うプロでもない限り、趣味であれば運動神経のよし悪しはあまり気にすることはありません。それに、体力で勝る若者のほうが強いとも限りません。

僕は最近ゴルフをしていると、手足に痛みが出たり、動かしにくくなったりして、体力の衰えを感じることが多くなっています。でも、そのことはなんとも思っていません。

たしかに痛いのは痛いのですが、楽しさのほうが先立ちますから、たいして気にならないのです。「70年も生きていれば、こうもなるだろう」というくらいの感じです。

母親が関節リウマチを患っていたので、遺伝的なこともあるかもしれませんが、なにも治療はしていません。

多少不都合はあっても、「今できることで一番楽しいことを追求する」という考え方でいいと思っているのです。

適度なストレスは負担する

定年しても、退職金や年金だけで生活していける人は少なくなってきています。

住宅ローンが残っていたり、まだ子どもの教育費が必要だったりして、多くの人は働いて収入を得ないと生活していけない状況にあるのです。

2013年4月に「高年齢者雇用安定法」というものが改正されて、60歳で定年退職した後も、希望すれば全員が65歳まで再雇用されるようになりました。すべての企業に対して「65歳までの定年延長」「希望者全員の再雇用」「定年の廃止」のいずれかを選択するよう義務づけたのです。

60歳で定年する人の選択肢は、「再雇用」「転職や独立開業」「完全リタイア」の3つに分かれます。

今の時代、現実には60歳で完全リタイアする人は、あまりいないことでしょう。多くの人は、収入が大幅に下がっても再雇用の道を選択しているのではないでしょうか。

しかし、65歳以降になれば、ほとんどの人が会社に残ることはできないので、新たな道を選択することになります。

内閣府の調査によると、2016年度の男性の有業者の割合は、55〜59歳が89・7%、60〜64歳が72・7%、65〜69歳が49・0%となっています。

65歳をすぎても、およそ半数が働いているということです。

65歳までにリタイアしたいという人は3割にも及ばず、7割以上の人が「70歳以降も働きたい」「働けるうちはいつまでも働きたい」と考えています。

全労働力人口のうち65歳以上が占める割合は、1980年の4・9%から2015年に11・3%へと倍増しています。

こういう書き方をすると、なんだか老体に鞭を打って働く〝かわいそうな年寄り〟が増えたと思われるかもしれませんが、むしろ仕事がある人のほうが幸せです。

仕事を続けることは、収入を得られることはもちろん、脳の劣化を防ぐ最善の方法となります。

仕事を離れると、一気に老け込むケースがとても多いのです。

ラッキーなことに、僕は今も漫画家という仕事を続けられているおかげで、ボケ予防になっています。

キャラクターやストーリーを練って詰めていく過程では、多角的に考える力が必要になります。描くときには脳と目と手先の連携作業が続きます。

僕はこうした作業が好きなので、仕事をつらいと感じたことはありませんが、定年退職してやっと仕事から解放されることに喜びを感じている人もいることでしょう。

仕事をするにしても、希望どおりの仕事ができないことから、新たな環境で不満やストレスを溜めているという人もいるでしょう。

そういう人は、仕事とのかかわり方を適度なストレスを負担するくらいに変えたらいいと思います。

料理や麻雀で脳を劣化させない

このところ、「健康麻雀大会」が注目を集めています。

全国各地の自治体や商工会議所が主催して、「賭けない」「飲まない」「吸わない」を掲げつつ、趣味の麻雀を楽しみながら高齢者のボケ防止や生きがい、コミュニケーションを促進することを狙っています。

僕も数年前から麻雀同好会に参加しています。高齢者限定ではなく、さまざまな年齢や職種の人が知り合いのマンションの一室に集うのですが、そこはまさに異業種交流の場となっています。

僕が参加している麻雀同好会には年功序列のルールがあって、30代くらいだと、その人が有名企業の社長だろうが、専務だろうが買いものに走ります。いわば〝パシリ〟というわけです。

僕が一番年上なのですが、なにもしないわけではありません。もっぱらみんなが食べる料理を担当しています。

みんなで居心地のいい空間を作る努力をするというのが楽しいのです。

料理、麻雀と手先を使いつつ、みんなと交流していると、自然と脳が活性化されてくる感覚があります。

麻雀だけでなく、文章を書いたり楽器の演奏をしたり合唱したりと、人それぞれに楽しめることで、脳の劣化を防ごうとする高齢者が多くなっています。

自分の人生をふり返って「自分史」を書き上げるのも、ボケ防止にはいいのでしょうが、あれは自己満足の極致だと僕は思っています。

おカネがある人は自費出版をして身内や知り合いに本を配るのですが、ほぼ誰も読みません。僕も知人から2、3冊もらいましたけれど、読んでいませんから(笑)。

まあ、他人が読むか読まないかよりも、書くこと自体に意味があるのでしょうから、本人がそういうものだと理解していれば、それでいいのでしょうけれど。

僕は、料理などしたことがないという60歳以上の男性に向けて「男メシ」がテーマの本を書きましたけれども、視覚、聴覚、味覚、嗅覚、触覚という「五感」を駆使する料理は、脳の劣化を防ぐのにも、とてもいい趣味であり生活習慣だと思います。

妻の介護をする立場になったり、妻に先立たれたりしたときに、生きていく術《すべ》にもなります。

食生活を安定させることは、健康長寿の基本でもあります。

疲れたら頑張らない

疲れたら休まなければいけないのは、今さらいうようなことでもありませんが、この当たり前のことができなくて、過労から精神的な病へと進行してしまう高齢者が増えているといいます。

「自分を休ませる」というスイッチを入れられないのは、頑張るときと頑張らないときの使い分けができていないからです。

頑張りすぎて心身が疲れていることが一目瞭然の状態で、周りから「休んだほうがいい」と諭されても、頑張り続けるような生真面目で頑固なタイプは要注意です。

こういうタイプの人は、知らず知らずのうちに疲れを溜め込んでしまって、ある日プツンと心の糸が切れてしまうことがあるからです。

僕も若い頃は10時間くらいぶっ通しで原稿を描いても、どうってことはありませんでしたが、今は原稿を1枚描くたびに目が疲れて、焦点が合いづらくなってしまいます。

僕は日頃、あまり自分の年齢を意識するということはないのですが、ひたすら原稿に向かう漫画家の職業病でしょうか〝視力の衰え〟を感じるようになっています。

そこで「目を休ませる」というスイッチを入れるため、原稿を1枚描き上げるごとに休憩をとって、仕事場にあるキッチンへ向かいます。そして、アシスタントたちのまかない食を作るために買い置きしている長ネギやタマネギを包丁で刻むのです。

すると、目にしみる「硫化アリル」という成分が飛散して涙が出て、視力をリセットできます。

ときには仕事場のすぐ近くにある公園で、緑を眺めながら5分くらい歩くこともあります。

また、夜間に仕事をしているときは、熱すぎないお湯にタオルを浸けて絞り、それをまぶたに当てて温めることもあります。

こうすると目の周りの筋肉がほぐれて血行がよくなるので、目の焦点を合わせる機能が復活するそうなのです。


若い頃のように頑張りがきかなくなっていることは、ずいぶん前から実感しているはずです。

徹夜をしても平気な顔をしていられた若い頃とは違います。

そんなことはわかっていても、これくらいだったら頑張れるだろうと無理をしてしまうと、ある日突然、「脚が痛い」「腕が動かない」などと、予想以上のダメージとなってはね返ってくるのです。

無理せず、いったん引く

若い頃は体が疲れても、ゆっくりお風呂に入って一晩ぐっすり眠れば、ほとんど回復したはずです。

これは人間の自然治癒力によるものですが、年をとれば回復力が低下して一晩寝てもなかなか疲れがとれなくなります。

しかも、睡眠を誘う「メラトニン」というホルモンが加齢とともに減ってくるので、ゆっくりと睡眠をとることもできなくなってきます。

「疲れた」「つらいな」と思ったら、無理せず、いったん引くことです。この「一時撤退」のタイミングを覚えないといけません。

老化に抗うのではなく、いったん全面的に受け入れたほうが、結局は効率よく生活が送れるようになります。現実を受け入れたうえで、どの方法が一番効率的かを考えるべきでしょう。

僕も若い頃に比べれば、趣味のゴルフで飛距離が出なくなってきて、パー4のホールで、以前はできていた2オンができなくなっています。そこで現在は、3オンワンパットを基本としています。

体の衰えを感じつつも、若い頃とは違うアプローチをすることで、それはそれでまた楽しめるものなのです。

2打目で無理にバンカーを越そうとせず、手前に置いて、3打目でグリーンにのせて、2パットだったらボギーでまとめられます。

あわよく1パットで入ればパー、そういうゴルフに切り替えればいいのです。

特別なトレーニングをしている人は別として、疲れを感じたら早めの休憩をとって、小まめな疲労回復を繰り返したほうが効率的です。

どうしても早めの休憩がとれないときは、ペースダウンして疲労をやわらげるのも一手です。

第五章

最期まで上機嫌で楽しむ

すべてを受け入れてみよう

目標をもってバリバリ頑張ることは、若い頃には大切なことでしょうけれど、今となっては「なるようになるさ」という生き方が一番いいような気がします。

まだ起こってもいない先々のことをクヨクヨと考えて、不安や心配を抱えてもしょうがないじゃないですか。

それより、よいことも悪いことも、目の前の現実を受け入れてしまえば、スーッと気持ちが楽になります。

だから僕は、なんでも受け入れてみることを基本とした生き方をしています。

たとえば、「太り気味だから今年は痩せよう」と目標を立てていたのに痩せなかったとしても、「ま、いいか」と深く考えません。

「現実を受け入れる」ことは「自分を許す」ということでもあります。

学生時代を優等生で過ごし、バリバリの仕事人間として出世街道を走り続けてきたような人は、負けず嫌いの気持ちが強すぎて、思い描いた結果が得られないと自分を許せなくなる傾向があります。

特に男は、獲物を捕るオスとしての本能が脳に残っているのでしょう。結果を出すことに執着しやすいといわれます。

負けず嫌いの気持ちが強いと、若い頃には生きるエネルギーになっても、高齢になったら人間関係を悪くして、自分自身が疲れる原因になります。

容姿にしても、年をとったら若い頃より衰えてきて当たり前です。そういうことも全部受け入れてしまうことです。

容姿に関しては、たとえ抗ったとしても、美容整形でも繰り返さない限り、最終的には受け入れるしかなくなるのですから無駄な抵抗です。

現実を受け入れずに抗い続けることが、生きるうえでの強力なモチベーションにでもなるのなら、それはそれでひとつの生き方かもしれません。

でも普通は、要らぬストレスを溜める原因になりますから、それこそ万病のもとです。

上機嫌に生きるのに、余計なストレスは抱えないほうがいいじゃありませんか。

物事には必ず表と裏、光があれば影があり、プラスとマイナスの両面があるものです。

表も裏もすべて受け入れてから、プラスになることだけを考えればいいのではないかと思うのです。

「余命半年」を宣告されても受け入れる

仮に今日、僕が病院で「余命半年」を宣告されたとしましょう。

もちろん、そのときはショックを受けるでしょう。けれど、次の瞬間、悲しんだり取り乱したりしていたら、その時間がもったいないと僕は余命宣告を受け入れるはずです。

むしろ、残された半年をどう上機嫌に生きようかと考えるようになると思うのです。

僕の理想は、死ぬ瞬間まで漫画を描き続けることです。自分の人生の最期をあれこれ想像しながら、結局は粛々と好きな漫画を描き続けることでしょう。

伴侶の死について考えてみると、男は妻に先立たれると、なかなか現実を受け入れられない傾向にあります。

統計からしても、妻に先立たれて一気に老け込んでしまったり、現実を受け入れられず、後を追うように亡くなったりする人が多いそうです。70歳をすぎて妻に先立たれた男性の平均寿命は5年、そのうち7割が3年以内に亡くなっているといいます。

ところが、女性はというと、やはり喪失感から一時的には落ち込むものの、立ち直った後は夫の世話から解放されて、人生を謳歌するケースが多いようです。

70歳をすぎて夫を失った女性は、平均寿命まで15年以上生きている人が多数を占めます。

女性のほうが現実に適応する能力が高く、「これからは自分の人生を楽しもう」と前向きに考えられるということです。

なるようになる、なるようにしかならない

男の脳は、ひとつのことに集中して突き詰める能力が高いので、この特性がマイナスに働くと、窮地からなかなか抜け出せないということになりがちです。

女性のほうが、多チャンネルで幅広く物事を考えられるぶん、切り替えが早いのですね。

誰だって家族や最愛のペットの死といった深い喪失感は、そう簡単に乗り越えられるものではありません。

それでも、それが目の前にある現実であり、これからも生き続けていくのであ

れば、勇気をもって受け入れるしかないのです。


すべて受け入れたら、目の前のことを処理する。

今日一日を楽しく生きる。

明日は明日の風が吹く。

明日になれば、また少し楽になるはずです。

どんなことがあっても、とにかく止まっていないで、次の一歩を踏み出せば、少しは楽になります。

「大変だ」「つらい」と思いながら生きると、すべてがストレスになりますが、「悪いことがあったということは、よいことがある前兆だ」「今がどん底なのだから、あとは上にいくしかない」と思えば、気も楽になって自然に次の一歩を踏み出せるようになるでしょう。

すべては上機嫌になるための一歩、楽しむためのステップ。それに、人生はなるようになる、なるようにしかならないと思って、肩の力を抜いてすべてを受け入れて上機嫌に生きようじゃありませんか。

分をわきまえる

上機嫌に生きるには、「分をわきまえる」ということが必要になります。

それは定年後の立ち位置についてもいえることです。「家族は社会の最小単位」とされますが、定年退職をすれば、家庭内での立場も変わります。

江戸時代に「士農工商」という身分制度があったことは、明治時代になってから明文化されたことで、現在の教科書では差別を助長するという観点から削除されているケースも多いそうですが、武士が農民や町人より身分が上とされていたのは事実でした。

そうはいっても、実際には決して抑圧的な身分制度であったわけではなく、人々は生まれながらにして決められた身分のなかで、それぞれの人生を楽しんでいたようです。

これが、「分をわきまえる」ということなのですね。

武士の身分が上だから一番豊かな生活をしていたかといえば、まったくそんなことはありません。

少ない給料（当時は米）では、武士としての生活を維持できず、そうかといって格式を落とすことは許されないので、商人に頭を下げて借金をしていた武士が多かったのです。武士は武士で、大変だったわけです。

時代劇では、農民といえば年貢を搾りとられて食うや食わずの貧しい生活をしていたように描かれるケースが多いです。

江戸時代を通して諸藩は財政難だったわけですから、農民の生活は決して楽ではなかったのですが、実際にはそれなりに楽しい人生も送っていたようなのです。

江戸時代の識字率の高さが、それを表しています。農民の子どもたちの多くは、手習い（関西では寺子屋）の師匠に字を習っていました。飢饉のときは別として、農村には締めつけばかりではなく、そうした余裕もあったのです。

身分制度があった以上、江戸時代の人々が平等だったとはいえません。しかし、平等が正しいこととは限りません。

僕は常々、「人間は生まれながらにして平等ではない」といい続けてきました。

よく考えてみてください。裕福な家庭に生まれ育った子と、ギリギリの生活をしている家庭に生まれ育った子に、受けられる教育や習い事、持ち物に違いがあるのは、経済状況からして仕方のないことです。

だからといって、自分の生まれを悲観したり、親や社会や政治を非難したりしても、状況は変わりません。

それどころか、自分で自分を負のエネルギーで包み込むようになってしまい、悪循環を招いてしまいます。

だから、どんな状況下にあれ、自分が置かれた状況をすべて受け入れて、そこから頑張る道を歩み始めるべきなのです。

生まれた環境の違いだけではありません。手先は器用でも走るのは苦手、音感に優れていても計算は苦手といった、自分の長所と短所を知ることも、分をわきまえるためには必要なことです。

自分の長所に早く気づいて伸ばすことができれば、楽しい人生に一歩近づくことができます。

これは、第二の人生でも、まったく同じことがいえます。

自分の置かれた現状をすべて受け入れて、自分を過大評価することなく、自分の立場や役割を冷静に受け入れる。

これは、家族や社会との関係性から自立するための大前提になると思います。

男は内向して楽しめ

僕が描いた「島耕作」は、ジャズが似合う男です。

僕自身もジャズ好きですが、一番好きなのは、実のところ昭和歌謡です。

『弘兼憲史・黄昏ヒットパレード』というニッポン放送のラジオ番組で、昭和歌謡を紹介しているくらいなのです。

数ある昭和歌謡のなかでも、野坂昭如さんや長谷川きよしさんが歌った『黒の舟歌』は、僕が松下電器産業（現パナソニック）のサラリーマンだった頃に流行った歌で、思い出深い1曲です。

「男と女の間には深くて暗い河がある」というフレーズで始まるのですが、この「深くて暗い河」の正体、いわば男女の間にある越えられない壁がなにかということを、実に多くの人たちが追求してきました。


この越えられない壁は、男女の脳の違いに起因することが大きいようなのです。

男女では体つきに性差がありますが、脳の構造にも性差があることを、近年の脳科学は教えてくれます。

最も顕著な違いは、左脳と右脳をつないでいる神経の束（脳梁《のうりょう》）が、男性より女性のほうが太いことです。

左脳は言語や論理的なことを処理し、右脳は感性や五感などを司るという違いがあることは、すでに知られているとおりです。

人間は、その左脳と右脳を互いに連携させながら活動しているといわれます。

脳梁が太い女性の脳は、左脳と右脳の連携が活発で、なおかつ速い。一方、男性は特に感性や五感を司る右脳を連携させることが苦手で、論理的な考え方に凝り固まる傾向があるといわれます。

女性は右脳と左脳を連携させて、ひとつの事を深く追求するよりも、多面的にとらえようとするので、問題が起こったときも外に解決策を見つけようとします。

女性のほうが、社交的ということでしょう。友人とのおしゃべりや井戸端会議が最高のストレス解消になるのは、そのためです。

論理的に物事を考えようとする傾向の強い男性脳は、どうしても内向する傾向があります。問題が起こると、自分のなかで解決策を見つけようとするのです。だから男は自分の世界に浸ったり、趣味のことをしたりしてストレスを解消する傾向があります。


こうして見ると、女性の脳のほうが優れているように思えるかもしれませんが、これは原始時代、もっとさかのぼれば進化の過程で、男女に役割分担があった名残なのだそうです。

メスには周囲にまんべんなく注意を払いながら子孫を産んで育てるという役割があり、オスには一点に集中して獲物を捕獲するという役割がある。その本能がDNAに刻まれているということなのです。

結局、どちらの脳が優れているということではなく、それぞれプラスとマイナスの両面があるということです。

女性の脳は多面的に幅広く物事を考えるので、情報過多になって混乱しやすいというマイナス面がクローズアップされることもあります。

こうした脳の話は、あくまでも一般的なもので、男女ともに個人差があるのですが、大切なのは「内向＝マイナス」ととらえないことです。

僕は「考え方ひとつでどんなことにも楽しさを見いだしてしまう」ということをいい続けていますが、これはとても内向的なものだと思います。

自分のなかで、どうプラスにとらえるかというメンタルの話ですから、これはある意味で内向なのです。

男性脳に内向しやすい傾向があるのなら、それをうまく利用して上機嫌に人生を楽しめばいいと思うのです。

自分が楽しければそれでいい

２０１７年は、史上最年少のプロ将棋、藤井聡太竜王・名人が当時中学生ながら29連勝をして、全国から注目を浴びました。

藤井竜王の趣味は、冬に各地の積雪量をチェックすること、司馬遼太郎さんの本を読むこと、それに鉄道ファンでもあるそうです。また、日常的に「テンパズル」をやっているらしいです。

テンパズルというのは、たとえばクルマのナンバープレートや電話番号など4つの数字を、加算（＋）・減算（－）・乗算（×）・除算（÷）を使って10にする遊びです。

たとえば、「1」「3」「5」「8」を使って10にすると、「8+(5-3)×1=10」となります。

こういう計算は徹底して内向して、自分の脳のなかで結論を見いだすという点で、将棋に通じることです。藤井竜王は、内向する作業を楽しんでいるのでしょう。

そのせいか忘れ物が多いらしく、お母さんからは「生活力がない」と心配されているそうです。

そういえば、僕の知る著名な学者や作家にも、内向する作業を楽しむタイプの人が多いですね。

徹底的に内向することが好きな藤井竜王は、強度の負けず嫌いという性格に、天賦の才が相乗効果をもたらして「天才」と呼ばれているわけです。

プロ棋士は勝たなければいけませんが、趣味の世界であれば楽しければそれでいい。

将棋でも麻雀でもそうですが、ある程度の経験を積んだら、同じくらいの力量の相手と勝負すること自体が楽しくなります。

下手なくせに、その物事が好きで熱心なことを意味する「下手の横好き」という言葉があります。

その道一本で生きていこうと考えるプロでもない限りは、下手であろうが、楽しければ、それに勝るものはありません。

本来は楽しい要素がある物事でも「人と比べる」と、とたんに楽しくなくなることがあります。

人がどう思おうと、迷惑をかけるようなことでない限り、自分が楽しければそれでいいじゃないですか。

何気ない風景を心から楽しむ

楽しむといえば、観光旅行は楽しいものです。その点、あえて観光地でもなんでもないところを旅するのも楽しいものです。

たとえば、全国地図を広げて、手もとにあるピーナッツでも投げてみます。そして、ピーナッツがとまったら「よし、ここへ行ってみよう」と決めてしまう。

見知らぬ土地ですから、宿なんかないかもしれません。ちょっとした不安だってあるでしょう。

でも、ピストル強盗がウヨウヨいるような治安の悪い外国に旅行へ出かけるわけではありませんから、そういう小さな冒険はアリだと思うのです。

危険がともなう登山とも違って、行き先は〝知らない町〟にすぎません。

なにか不自由なことはあるかもしれませんが、生命の危機に至ることはほぼないでしょう。

僕は「大分むぎ焼酎二階堂」のＣＭが大好きです。１９８７年から毎年、これまで30本以上も作られていて、ネット上にはこのＣＭのファンクラブもあります。

ノスタルジックな風景が特徴で、ジーンとしたり、ホロッときたりするような味わいがあっていい映像なのです。

ポエムを朗読するようなセリフが、また素晴らしくて、わずか30秒足らずの間ですが惹き込まれてしまいます。

大分の焼酎だけに、ロケ地はすべて九州北部なのですが、いずれもファンの間では聖地とされているそうです。

僕もいつか〝二階堂聖地巡礼の旅〟をしたいと密かに思っています。

僕は京都も大好きです。寺社を巡るのも楽しいのですが、あえて観光コースから外れて歩くのが好きなのです。

京都にも下町みたいなところがあって、昔なつかしい日本の光景が残っています。

夏場に狭い路地を歩くと、すだれが吊ってある家並みがあって、家族がごはんを食べている様子なんかが垣間見えたりします。

もちろん、立ち止まって覗き込むようなことはしませんが、ふとした瞬間にそういう生活風景に触れるだけで、なんとも心に沁み入ります。

稽古をしているのか、三味線の音色が聞こえてくることもあり、それはそれで「ああ、京都だなぁ」と心に沁み入ります。

名古屋や大阪への出張で東海道新幹線に乗ると、「富士山を観る」という人は多いと思いますが、僕は農作業をしている人とか、山間部の一瞬開けたところに見える古民家なんかを観るのが好きです。

そこに人の暮らしがあって、「楽しんでいる人や悲しんでいる人がいるんだろうな」などと思いを馳せるのです。

出張先から東京方面に新幹線で帰ってくるときは、新横浜駅をすぎたあたりから都市部に入るにしたがってスピードが落ちてきます。すると、夜の暗がりであれば、家々の灯りのもと部屋のなかが覗けたりして、ちょっとドキドキします。ここでも生活風景が垣間見えるのです。

街にいれば、当たり前の風景なのですが、夜、新幹線に乗って見ると、なんとも風情を感じられていいものです。

あえて非日常と非効率を味わう

このように心構えひとつで、何気ない日常にも上機嫌になる素材がゴロゴロと転がっているわけです。

それを楽しんでしまうヒントは、「非日常」と「非効率」にあります。

落語家の桂枝雀さんは、「笑いは緊張が緩和されたときに起きる」といいました。「緊張」の対極をなす「緩和」、つまり張り詰めた日常から一転、リラックスした非日常に転換されたときに笑いが起こるというのです。

張り詰めた日常の対極をなす非日常に転換されたときに、緊張が緩和へと転換され、上機嫌になる瞬間が生まれます。

非日常は人によって違いますが、わかりやすいところでは「エンターテイメント」というのは非日常ですね。

遊園地のジェットコースターは日常じゃありませんから、あえて怖いジェットコースターに乗ったり、お化け屋敷に入ったりするのは、非日常を楽しんでいるわけです。

わざわざ遊園地に行かなくてもいいです。自宅から最寄駅まで歩くにしても、いつも通っている道を歩くのではなく、ちょっと遠回りをしてみる。たとえそれが「非効率」でも、いつもとは違う道を通ってみるだけで、ちょっとした発見があります。

小学生のときに、いつもとは違う道で帰ると、ぜんぜん違う風景に巡り合うことがありました。僕は当時からそういう非日常の体験が好きで、ときどき迷子になったほどです。

日頃のちょっとした非効率のなかにも、楽しみが隠れているわけです。だから、各駅停車の旅には、新幹線の旅にはない楽しさがあります。

探求心と好奇心をもち続ける

漫画家は、自分の漫画を読んだ人に感動してもらえたら、なによりもうれしいものです。ですから、どうしたら人を感動させることができるかということを常に考えています。

正月に箱根駅伝で大学生が必死でタスキをつなぐ姿を観て感動する、絶景を眺めて感動する、美味しい料理に感動する、素晴らしい曲と演奏家に出会って感動する……年をとると、心を揺さぶられ、涙を流すように感動することが少なくなりがちです。

感動するということは、脳に新しい情報が入って、心が揺り動かされることですから、なにか新しい物事をとり入れようとしなければ、感動は得られにくいものです。

年をとると、知らない人と会うことが億劫になりがちですが、それも脳に新しい情報を入れる機会を逃していることになります。

僕は雑誌の対談などで初対面の経営者にお会いする機会に恵まれていますが、食事にしても「あと何回食事ができるのだろう」と考えながら、美味しいものや感動的なワインと出会うチャンスがあれば、億劫になることなく、時間が許す限り出かけて楽しむようにしています。

再三いうように、僕は死ぬまで漫画を描き続けたいと思っていますが、新しい物事（非日常）を積極的にとり入れようとする好奇心や探求心がなくなってしまったら、漫画を描き続けることはできなくなると思います。

僕にとって、たまに乗る電車は非日常の貴重な機会ですから、それとなく人間観察をしながら、なにかを見たり聞いたりしています。

そういうところから、新たなストーリーの気づきが得られるからです。

飛行機に乗っても、70歳になる今も子どもみたいに一生懸命、窓から雲を眺めています。

「へえ、変わった形の雲があるな」

「そうか、雲の切れ目から見える下界の景色はこんな感じなんだ」

そんなふうに好奇心や探求心を満足させること自体が、とても楽しいのです。

幼い子は、「なんで?」を連発して親を困らせますよね。あれは、好奇心や探求心からくる素直な反応です。

ただし幼い子のことですから、難しい原理や仕組みを知りたいなどと考えているわけではありません。単純な目的や理由がわかれば、それで満足するわけです。「なんで、飛行機は空を飛べるの?」と聞かれたら、「鳥のように翼があるからだよ」という答えで納得するでしょう。

小学生になったら「翼と揚力とエンジンの推進力があるからだよ」などという答えになるかもしれません。さらに成長したら、そうしたことの原理についても知りたいと思うようになっていくでしょう。

筋肉は、鍛えれば80歳、90歳でも成長して大きくすることができるそうですが、脳も同じかもしれません。高齢になっても好奇心や探求心をもち続けることは、脳の働きを鈍らせない秘訣でもあります。

必ずしも答えにたどり着くとは限りませんし、答えがひとつとも限りません。でも、追い求める気持ちが大事なのだと思います。

ジジイの料理をしてみる

僕は漫画を描くこと自体好きなのですが、人や自然、建物などを観察して取材することも好きです。これまで話してきたように、好奇心や探求心をもって観察したり発見したりすることが面白いのです。

行政などが高齢者に向けて、「老化防止のために生涯学習をしましょう」というようなことをいいます。

たしかに、学ぶことは老化防止につながります。でも、それが楽しいと思えることであればいいでしょうけれど、楽しくなかったら続きません。

生涯「学習」なんて、お勉強をするように身構えなくても、もっと気楽なことでいいと思うのです。

大事なのは自分が楽しくて、上機嫌になれること。「好きなことを掘り下げる」というニュアンスの探求心が大切です。

続けている趣味があれば、それを深めることができますし、子どもの頃に興味をもっていたことを掘り下げてみることだってできます。

歴史や宗教や政治について、自分なりに探求してみるのも面白いと思います。テーマを決めて調査や研究を行い、最終的にまとめたものが納得のいくものであったら、社会に発表することもできます。

僕が、特に男性におすすめしたいのは、料理です。

料理こそ好奇心と探求心を引き出してくれて、しかも人を楽しませることもできます。自分の料理で感動させるといえば大げさかもしれませんが、一緒に食べる人と楽しみを共感できるので、喜びのスケールも広がります。〝好かれるジジイ〟

の趣味として料理は最適です。今までまったく料理をしたことがない人でも、そんなに難しいことではありません。

料理研究家の土井善晴さんとは、文化放送のラジオ番組で2度対談させていただいたことがありますが、同じく料理研究家のお父様、土井勝さんから受けつがれた和食の哲学には、大いに共感しました。

土井さんは、家庭料理は「一汁一菜でいい」という提案をされています。「家庭料理は素材のもち味を引きだして手をかけないことが一番で、ごはんと具だくさんの味噌汁があれば、おかず（菜）がつかなくても一汁一菜となる」という主旨なのですが、まずは味噌汁の探求から始めてみるのもいいかもしれません。

出汁《だし》に始まって、味噌をどうするか、具材はなにがいいかと、一品でも十分に探求できる奥深さがあります。

ちなみに僕は、自己流の万能出汁を常備しています。

なにも大げさなことではなくて、麦茶を入れておくようなポットに水と昆布と煮干しとシイタケを入れて、一晩冷蔵庫に入れておくだけです。

これだけで、味噌汁にも煮物にも、なんにでも使える万能出汁ができてしまうのです。料理をする人は、簡単ですからぜひ一度つくってみてください。

楽に、しかも美味しく楽しむというのが、僕の料理の基本です。

勇気をもっておカネを使おう

僕は、子どもに資産を残すべきではないと考えています。自分で稼いだおカネは、自分で使い切るのが一番いい。

極端にいうと、死ぬ直前、ポケットに最後の100円玉が残っているくらいが理想です。

もちろん、自分の死期は正確に予測できませんし、病気になったら医療費、体が動かなくなったら介護費用が必要になるのですから、現実的にはなかなか難しい状況判断が求められます。

でも、ある程度の貯えがある人は、「後期高齢者」と呼ばれるようになる75歳くらいまでに、その先に最低限必要と思われる金額以外は使ってしまうのがいいと思います。

それも、子どもや家族のために使うのではなくて、自分のために使う。

僕たち団塊の世代は、日本経済が右肩上がりの時代に育ち、30〜40代を好景気のバブル期に過ごしました。だから、他の世代と比べると、貯蓄を残している割合が高いです。

経済的に恵まれた時代を過ごさせてもらったことに感謝しつつ、晩年はお国に協力する気持ちで、少しでも消費拡大に貢献したらどうかと思うのです。

日本でも数年前から、大型の豪華客船で海外の観光地を周遊するクルーズが身近な休暇の過ごし方として定着してきました。夫婦でクルーズに出かけるというシニア層も増えています。

しかし、クルーズ中にストレスを溜めて帰ってくる夫婦も多いようです。夫婦喧嘩になったり、面倒くさい人たちにかかわってしまったりすると〝逃げ場〟がないからです。

僕としては、豪華な国内旅行を短い期間でゆったりと楽しむほうが、より気楽でいいのではないかと思います。

そう思う人が多いからでしょうか、ＪＲ各社が運行を開始した「クルーズトレイン」（周遊型豪華寝台列車）が、リタイア世代の夫婦の人気を集めています。国内の鉄道旅行なので安心感もあり、海外クルーズより短期でのんびりできて気疲れしない、とてもいい旅だと思います。

それだけおカネを使うシニア層が増えたということでもありますが、まだまだ先行きが不安で、思い切って貯蓄を使えずにいる人たちも多いようです。

それでも僕は、「勇気をもっておカネを使おう」といいたい。

いつ死ぬかわからないのですから、少し楽観的に「一度きりの人生をもっと楽しもう」と考えてみませんか。

持ち家がある人は、子どもに不動産を残そうなどと考えず、夫婦ふたりだけになったら売却して、必要十分なスペースのマンションなどに住み替えるのもいいと思います。

不動産の売り買いで差額が得られれば、それを元手にレジャーを楽しめます。

そもそも子どもが独立して夫婦ふたりだけになったら、そんなに広い家は必要ないでしょう。

日々の掃除もメンテナンスも維持費も大変です。

海外移住や田舎暮らしのようにガラッと環境を変えてしまうのは、夫婦ともに相当な思い切りが必要になりますけれど、同じ地域内や少し離れたリゾート的な場所を選べば、家族や友人ともそれほど変わらない距離を保つことができます。

賃貸にすれば、飽きたら引っ越すこともできます。

少し前までは、高齢者の賃貸契約は厳しい状況がありましたが、現在では高齢者の急増と空き部屋を埋めたい貸主の意向が合致して、賃貸契約も楽になってきています。

入居時にある程度の一時金はかかりますが、高齢者に便利なサービスがいろいろと提供される「サービス付き高齢者向け住宅」を検討してみるのもいいと思います。

住環境を変えてリフレッシュすると、また新たな人生の楽しみ方が見いだせるものです。

積極的にコミュニケーションを求める

漫画家というのは、とても狭い世界で生きています。

もしも漫画家以外の仕事をしなかったら、担当編集者とのつき合いだけの人さえいるかもしれません。

サラリーマンのように、仕事終わりにいろいろな場所へ行って飲んだり食べたり、人と会話をしたりすることも少ないですし、客商売のように接客して言葉を交わすこともありません。

自ら積極的にコミュニケーションを求めないと、本当に視野の狭い人生になりかねないのです。

漫画家は、アシスタントを経験してから独立するケースが多いのですが、僕は違いました。

松下電器でサラリーマンを3年3カ月経験した後、漫画家のアシスタントを経験せず、サラリーマン気質を残したまま独立して漫画家として仕事を始めたのです。

サラリーマン時代は、会議の準備や社員旅行の幹事など、普通の漫画家は経験しないことをやってきたので、そういう意味では特異な漫画家かもしれません。

僕にとって松下電器でサラリーマンとして生きた3年3カ月は、とても貴重な時間でした。大企業だけに、日本全国の大学や高校から集まったさまざまなタイプの人が働いています。

人間観察が好きな僕は、職場で仕事しながらも同僚や上司たちを観察していましたから、「こんな人もいるんだ」「人はこういうときに、こういう反応をするんだな」と気づかされることもありました。

こうした人間観察は、その後、漫画を描くときにとても役に立ちました。

漫画家になってからも、ラジオ番組のパーソナリティや雑誌の対談コーナーなど、忙しいなかであっても時間が許す限り漫画家の仕事以外のことを受けてきましたし、異業種の人たちとつき合うようにもしています。

僕は20年くらい前から毎年、ゴルフコンペを開催していますが、漫画界からは一部の編集者が参加するくらいで、あとの参加者はすべて多種多様な異業種の人たちです。

金融業界やら飲食業界やら、なにかの機会に知り合った人たちとともに、いろいろな業界の情報を得るようにしています。

クロスオーバーを楽しもう

コンペをやり始めた頃は、漫画家の仲間たちとやっていたのですが、それじゃ出版社のコンペとなんら変わりありません。

僕の作品は、『島耕作』シリーズ（講談社）など情報漫画が多いので、異業種の人たちとのコンペという場で得る幅広い情報がとても活きてきます。

定年後、第二の人生をスタートさせると、先にも書いたようにいろいろな業種の人たちが、地域なり新たな仕事なりでコミュニティを形成するようになります。それは、いわば異業種交流のようなものなので、今までの人生では出会えなかったような人たちと自然に出会えるチャンスです。楽しまなければもったいない。気が合った人との交流を深めることで、お互いの人生をより味わい深いものにすることができるはずです。

1970年代には、ジャズやロックのミュージシャンがジャンルの垣根を越えてセッションを行い、「クロスオーバー」と呼ばれるスタイルが作られましたけれど、あれと似ています。

クロスオーバーすると、実に人生が楽しくなります。

麻雀同好会で僕が料理をしていると、だんだん若いメンバーが手伝うようになって、料理をしたことのない人間が、野菜の切り方や盛りつけに興味を抱くようになってきました。

異業種の人間が影響しあうと、なにか新しいものが生まれそうなワクワク感があります。ヘーゲルの弁証法でいえば、「アウフヘーベン」というやつですね(笑)。

不平不満をいわない

僕たち団塊の世代は、1960年代半ばから70年代初頭までの全共闘運動や安保闘争、ベトナム戦争といった時期に学生運動を盛んに行っていた「全共闘(全学共闘会議)世代」ともいわれます。

毛沢東が一説には2000万人も殺したとされる「文化大革命」(1966〜76年)の影響を受けて、「世界同時革命を起こす」というのが全共闘の目的でした。

さかのぼれば、1960年のいわゆる「60年安保闘争」で運動を起こした新左翼「共産主義者同盟」（ブント）という集団がルーツにあって、その後、左翼思想が学生に広まっていきました。

当時は、日本を共産主義国家にしたいと本気で思っていた若者がたくさんいたわけです。

今では考えられないことですが、マルクス・レーニン主義が時代の最先端であり、理想であると考えることが〝カッコいい〟という風潮があったのです。

各大学では「全日本学生自治会総連合」（全学連）が中心となって、学費の値上げや校則に反対するストライキなどがあったのですが、そうした学生運動が学部や「セクト」と呼ばれる党派を超えて学校ごとに連合されたのが、全共闘と呼ばれる〝暴力肯定集団〟でした。

なかでも日大全共闘と東大全共闘は有名でしたが、1969年の「東大安田講堂事件」をピークに、全国の大学で闘争が起こっていました。

僕が通っていた早稲田大学でも、中国共産党の人民服を着て毛沢東を崇拝する「紅衛兵《こうえいへい》」の出で立ちで、赤い表紙の『毛主席語録』をもつ毛沢東思想にかぶれた連中がいて異常な状況でした。

学生が主体となって組織された紅衛兵が、裕福な者や教育者を平気でなぶり殺しにした文化大革命を賛美する学生が多かったので、「粛清」と称し、鉄パイプで同じ組織内の学生を殺してしまう内ゲバ事件も多発しました。

その一方で、ファッション感覚でヘルメットをかぶってタオルを首に巻き、鏡に映った自分の姿に自己陶酔しているようなチャラい学生も多かったのです。

そういう僕も大学生のとき、周りから誘われてデモに参加したことがあります。

しかし、当時も共産主義国はけっして平等ではなかったし、自由もない。デモに参加しているヤツらがいっていることは「矛盾だらけでおかしい」というのはすぐにわかりました。

だから僕はデモに参加しなくなって、周りからはいわゆる「ノンポリ」だといわれました。

そもそも僕は、徒党を組んで同じベクトルで行動するようなやり方は好きじゃなかった。

「自分は一匹オオカミでいい」と当時から思っていました。

２０１５年に「安全保障関連法案」（安保法案）への反対デモが盛んになってマスコミを賑わしたとき、国会議事堂前に数万人単位の大勢の人が集まりました。学生グループ「ＳＥＡＬＤｓ」（シールズ）が注目され、「廃案」「安倍内閣退陣」

などのシュプレヒコールとともに反対の声を上げるなかには、僕より少し年下、60代半ばから後半の人たちも数多く参加していました。

その姿をマスコミの報道で見た僕は、元気なのに時間がたっぷりとある全共闘世代を生きた高齢者が多いように感じたのです。

反対デモの参加者は、ＳＥＡＬＤｓみたいな若者と、僕たちの世代が中心で、その間の30代や40代の男性は少ないという興味深い現象でした。


２０１７年7月の東京都議会議員選挙の最終日、故安倍晋三元首相が東京の電気街・秋葉原で演説をした際、「安倍、辞めろ！」と叫んでいた人たちも同じ様子でした。

若いときに左翼的な活動をしていた人たちは、社会運動が好き。一緒に声を上げてくれる若者の出現がうれしくて、楽しいからやっているように僕には思えました。

社会運動がストレス解消になっているのであれば、やればいいと思います。でも僕自身は、ああいう生き方は疲れます。特に街頭演説での妨害行為は、絶対に間違っています。

疲れることはやめよう

日本では今、フェイスブックなどのＳＮＳ（交流サイト）を60・70代の人がよく利用しているといわれています。学生時代のように集会に出なくても、手軽にネット上でつながっていられる連帯感が楽しいのでしょう。

これも楽しくてやっているのだから、つながっていたい人は続ければいいと思います。けれども「国が悪い」「政治が悪い」と文句をいっても、不満の本質をなくすことはできません。

不満があるのなら、その原因を解消できる正当な手段を少しずつでも進める努力をするか、自分にとってのマイナス要素はパッと忘れて、もっと楽しいことを考えるかどちらかにしたほうが建設的だと思うのです。

それこそ、先に述べた有償ボランティアなど、もっと前向きに社会貢献できる手段はありますから。


「反発」「反抗」「反体制」というものは、若いときの特権だと思います。年をとったら、世の中に反発しても疲れるだけ。

「疲れることはやめよう」という、とても単純な判断基準をもつだけで、毎日を気持ちよく生きることができます。

反発したいのなら、選挙の投票だけで十分です。

僕たち高齢者には、学生の頃ように何度でもやり直しがきく時間の使い方はできません。だから、不平や不満という負の要素に時間を使うのはもったいない。

ただでさえ、あたりかまわず周囲に負のエネルギーをふりまく老人が多いため、高齢者には愚痴や不満が多いという負のイメージが拭えません。

10年ほど前、「暴走老人」という言葉が流行りました。コミュニケーション不全でキレやすい高齢者のことですが、認知症の初期症状であるとか、衝動や感情を抑えるのに役立っている脳の前頭葉の機能不全が原因の老化症状であるともいわれています。

少なくとも自分の感情を正常にコントロールできている間は、笑っているほうが上機嫌に生きられます。そのほうが周囲に嫌な思いもさせません。

これは、僕がしょっちゅういっていることなのですが、「ま、いいか」「それがどうした」「人それぞれ」と心のなかで唱えることです。

- **腹の立つことがあっても、「ま、いいか」と割り切る**
- **次に「それがどうした」と開き直る**
- **最後に「人それぞれ」と達観の境地に至る**

こうすれば腹の立つことに直面しても、不思議と乗り越えられるのです。

終章

自分たちの世代の責任を果たそう

次の世代に語り伝える

僕たち団塊の世代が一番喜ぶのは、「日本で初めて○○をした世代」といわれることだといわれます。

戦後すぐに生まれた、最初の「戦争を知らない子どもたち」で、初めてロックで青春を過ごし、大学を卒業するとマイカーを所有し、結婚すると親と別居をしてマイホームを建て、〝ニューファミリー〟とも呼ばれました。

また、消費世代（スペンディング・ウェーブ＝支出の波）の対象とされて、時代のスポットライトをあてられてきました。

中学生になると『少年サンデー』（小学館）や『少年マガジン』（講談社）が、高校生になると『平凡パンチ』（マガジンハウス）が、社会人になると『ビッグコミック』（小学館）が刊行されました。

バブル期には活力の中心となり、中流社会を崩壊させて格差社会を誕生させた世代ともいわれます。

人間は太古から、自分が見てきたものや経験したことを次の世代に伝えることの繰り返しで、歴史をつくってきました。

種族が生きながらえるように、経験したことを次世代に語り伝えることは、生まれてきた人間の使命なのです。

いつの時代に生きた世代でも、それは同じことです。

それでは、われわれの世代が、次の世代に伝えなければいけないこととは、一体なんでしょうか。

政治評論家の屋山太郎さんは、団塊世代の責任は「日本の官僚支配や既得権体質を変えようとしなかったことだ」といっています。

高度経済成長を支えてきた世代であるものの、目の前にある制度の矛盾に疑問を抱かず、既存の制度のなかで物事を判断する傾向が強いというのです。

その結果、官僚支配を強めてしまい、必要な改革を遅らせてきたと指摘します。その官僚政治は、戦後になって始まったものではありません。

官僚政治をふり返ってみる

ちょっとかたい話になってしまいますが、日本の官僚政治について時代をさかのぼってみましょう。

江戸時代には幕府官僚が幕政を担っていて、八代将軍吉宗の時代からは、能力があれば家格に関係なく、官僚として登用される道が開けたといわれています。

明治時代になると、「優秀な官僚が愚かな民を指導する」という官僚主導の政治体制が構築され、国費を統括する大蔵省の官僚が大きな力をもつようになります。

建前上は、誰でも「高等文官試験」に合格すれば高級官僚になれる門戸が開かれることになっていました。

しかし実際には、裕福な家庭に生まれて、帝国大学法学部を優秀な成績で卒業しなければ高級官僚にはなれなかったのです。

明治の終わり頃には軍官僚が力をもち始めて、大蔵官僚と対立するようになりました。

昭和に入ると陸軍官僚が財政を牛耳るようになって、第二次世界大戦に突入。

戦後は産業を発展させるという名目で、各省庁が許認可権をもって指導力を強めます。

そんななかで各省庁の優位に立ったのは、やはり実質的な予算編成権をもつ大蔵省だったのです。しかし、戦後に総理大臣を務めた吉田茂さんも岸信介さんも佐藤栄作さんも、大蔵省以外の官僚出身でした。

彼らは東大法学部出身であり、同じく東大法学部出身者が多い大蔵省官僚を抑え込みました。

1972年に総理大臣になった田中角栄さんは、『日本列島改造論』を掲げて国家規模の公共事業を推し進め、建設省官僚を指揮下に置いて大蔵官僚に対抗しました。

ところが、1974年に田中角栄さんが辞職した後は、大蔵官僚が各省庁の権限を守る立場を強めて、実質的な政治の主導権を握ります。

政治家は選挙に勝つために地元利益優先の公共事業予算の獲得に走り、企業は税制優遇や公的融資を求めたので、どちらも大蔵官僚の支配下に甘んじたのです。

ここに、ころころ変わる大臣はお飾りで、実務は高級官僚が推し進めるという、現在に通じる官僚政治ができあがったのです。


2014年に内閣府に人事局が設けられて、各省の幹部官僚の人事を官邸が決定するという制度はできたものの、結局は総理や官房長官が内閣にいられるのは数年でしかありません。

表向きは政治家主導に見えても、結局は政治家が財務省（元大蔵省）という組織の優位に立つことはできていないのが現状なのです。

ただ最近では政治家に人事権を持たせたために、官僚のほうが保身を考えて「忖度」するという妙な現象が起きています。

これはこれで少し問題ですね。

団塊の世代だからこその判断をする

長くなってしまいましたが、日本の官僚政治の仕組みを説明すると、こういうことになります。

これは僕たち団塊の世代が見てきた時代の現実です。

こうした悪しき構造を変えてこられなかったのは、たしかに団塊の世代にも責任があると思います。

学生時代には、お上に反抗して革新を叫んだのに、働きだしたら面倒なことはお上がなんとかしてくれるという〝保守派〟に回ってしまった人が多かったということです。

全共闘世代とはいうものの、当時、学生運動をしていたのは、同世代の15%にすぎません。

そもそも、大学進学率が20%に満たない時代だったので、トータルでいえば100人中2、3人という程度です。

決して学生運動をしていた連中が、当時の若者の代表ではないのです。

そのほとんどは、就職すると『「いちご白書」をもう一度』の歌詞にあるように、長髪を切って社会運動とは無縁の生活を送りながら、高度経済成長の原動力となりました。

そうして時間ができた今、SNSでつながりながら批判の声を上げているわけです。

大学生らのグループＳＥＡＬＤｓも同じように今の若者の代表ではなく、全共闘世代の高齢者に同調した一部の人たちだと私には思えました。

自分たちの就職が迫ると解散してしまうというところも似ていて、はやり学生なんだなと思ったのです。

同世代の皆さん、もう一度、われわれが生きてきた時代をふり返ると同時に、目の前の現実をしっかりと受け入れてみませんか。

日本の個人金融資産約１４００兆円のうち１３０兆円、ひとり平均約２０００万円の金融資産を団塊の世代がもっているといわれます。

もちろんこれは平均値なので、２０００万円以上の資産をもっているのは全体の20％、一方で預貯金ゼロの団塊世代も20％います。

資産は多く年金もたっぷりもらっているのに、借金は後の世代につけ回しという「勝ち逃げ世代」と呼ばれていることを知っていますか。

われわれの世代が仕事に邁進している間に、時代は大きく変わりました。日本の経済も産業も平和も世界におけるポジションも、20年前、30年前とはまったく違います。

25年前といえば1997年、「もうすぐ21世紀だ」なんていっていた頃ですから、そんなに前の話じゃないという感覚ですよね。

でも、その年に生まれた子は、もう25歳になっているわけです。

彼ら彼女らに対して、戦後からの時間の流れを見てきたわれわれがどんな言葉を残せるのか。

ただ国や政府の批判をするだけではなく、目を開いて耳をそばだてて今なにが起きているのか判断すること、それがわれわれの世代の責任だと思うのです。

ある程度の不便を我慢しよう

本書では自立することについても述べましたが、日本という国を構成する個人（日本人）という視点で考えてみると、また違うキーワードが見えてきます。

日本の未来を考えるのであれば、ある程度のおカネを手にして成功したとしても、自分の口を潤すだけでは自立したといえないのです。

自分の不便は我慢してでも、どうしたらみんなのためになるかということを考え、実行できるようになって、初めて自立したといえるのではないかと思います。

かつて、日本人には自分の権利をあまり主張せずに、場を丸く収めることを美徳とする風潮がありました。

そうした古い考え方を否定し、自由には責任がともなうことも理解しないまま、アメリカ的な自由主義をはき違えて、与えられた権利はなんでもしっかり行使すべきだという風潮をつくったのは、われわれの世代かもしれません。

でも、そうじゃないんです。

今求められているのは、場を丸く収めるためではなく、明るい未来をつくるためにある程度の不便を我慢しようということです。

また少々かたい話になってしまいますが、民主主義国家において、国民が政治に参加できるのは選挙です。

そのときに自分の都合を考えれば、たとえば「孫がふたりもいるから、子ども手当は賛成だ」と考えるでしょう。

そこで、「超高齢社会で、票数獲得のためのバラまきをやっていて本当によいのか、この国の経済は破綻しないのか」と広い視野から考えられるかどうかです。そして、そういう目標を掲げる候補や政党に、責任ある一票を投じることができるかということです。

「自立」の先に「自律」あり

西郷隆盛は、「国に功労のある人には禄《ろく》を与えよ。しかし功労あるからといって地位を与えてはならない。功労があるからといって、見識のないものに地位を与えると国家崩壊のもととなる」という遺訓を残しています。

僕も常々、特に人気投票になりがちな参議院選挙の候補者擁立については苦言を呈してきました。これまで政治的なことをなにも考えていない人が国会議員になったりするからです。

本当にこの人は、自分の利よりも、国民の利益を優先させることができる人なのかということを見極められなければ、「一票の重み」は活きてきません。

政治だけではありません。企業にしても同じことです。

僕が松下電器に入社して一番ショックを受けたのは、松下幸之助さんの経営哲学でした。

松下幸之助さんの理念は「利益を追求するな」というものだったのです。

「利益とは一生懸命仕事をした結果、社会的な報酬として与えられるもので、いい仕事をすればご褒美として利益がもらえる、だから利益を最初に考えるのではなくて、お客様が喜ぶ電器製品をつくることだけを考えろ、そうすればお客様もわれわれもみんな豊かになる」という考え方で働けと教えられたのです。

若い僕にとって、それはただのきれい事に聞こえました。会社なのだから利益を追求するのは当たり前のことだと思ったのです。

ところが、3年3カ月働いてみて、結果としてそのとおりだと実感しました。「金儲け＝成功」と考えるのであれば、社会的に自立した人間とはいえません。社会的な自立とは経済的な側面だけでなく、社会に認められる存在となって、自分を律することができるようになることです。

これは個人でも会社でも同じことです。

自分を律して、日本をどうすべきか、どうしたら日本人は幸せになれるかということを考えていますか。

「自立の先の自律」

これが、われわれの世代に求められる責任をまっとうするためのキーワードだと思います。

改めて歴史観を磨け

団塊世代の特徴のひとつに、戦後の義務教育のなかで、戦前戦中派とはまったく違う新たな歴史教育を受けて育ったということがあります。

しかし、明治維新から昭和20年までの軍国主義や国家神道を否定するあまりに、日本人はどんなに悪いことをしてきたかということばかりを教えられて、自虐的な歴史観を植えつけられてしまった人が多いのも事実です。

僕は25歳をすぎてから、漫画を描くためにいろいろな情報を集めだしました。

そのなかには当然、歴史や宗教的なこともあったのですが、いかに自分の受けてきた歴史教育が薄っぺらなものであり、いかに自分が日本の歴史を知らなかったかということを改めて痛感しました。

現代史に至っては、教科書の最後には載っていても、授業では日本に戦争責任があるということだけしか教えずに終わってしまうのです。現場で、教師の所属する団体の思想や思考によって教え方が変わるのはまずいという、当時の文部省による判断があったといわれています。

戦後の一部の偏った歴史教育によって日本人は骨抜きにされ、愛国心やアイデンティティーというものを失いました。

歴史教育や宗教教育というものは、それがいいか悪いかということではなくて、過去にこういうことがあって、こういう人がいて、だから今こうなっているという事実を教えて、そのあとの判断は本人がする。それが、あるべき教育だと思います。

そういう教育を受けずに、ただ過去の日本を否定するだけの歴史教育を受けてきたために、「愛国心」や「軍事」といった言葉にアレルギー反応を起こすようになってしまった人たちが多いわけです。

自分の国を愛せない人間が、国を豊かにしたり平和にしたりできるわけがありません。

団塊から少し下の世代には、日本が好きになれない、日本が嫌いだという人がたくさんいるのは悲しい現実です。

今や日本を好きな外国人が増えて、外国人のほうが日本の魅力や世界に誇れる文化をよっぽど知っています。

日本人は、古代から自然のなかに神々を見いだして共存し、独自の文化を大切にするとともに、海外から輸入した文化を見事に自分たちのスタイルに合わせて融合させてきた柔軟性と創造性をもっています。

この〝やわらか頭〟が明治維新以降の日本の発展につながっていると私は思います。そういう日本人のいいところを知るべきです。

僕は、同世代の人たちに今、改めて日本の歴史を学んでほしいのです。

歴史は新たな発見や事実が出てきて変わるものです。僕たちが義務教育で教えられた日本史と現在の日本史は、まったく違うところがたくさんあります。今起きていることを語るのであれば、そこに至る経緯の事実を知らなくてはいけません。

やることのない高齢者にとって、冷暖房完備の図書館や病院の待合室は、時間潰しに格好のスペースになっているといいます。それじゃ時間がもったいない。いろいろな視点から各時代を分析した歴史書は、探求心も誇りももてるし、脳の劣化防止にもなるのですから、弘兼憲史イチ押しの読書アイテムです。

自分が嫌なことでも現実を見極める

平和という概念も、時代によって、国によって変わるものです。

戦争で多くの人間が意味のない死に方をして、残された家族がどれだけ悲しい思いをしたかということを、僕たちの世代は肌で知っています。

国が滅びるとはどういうことかということも、現場こそ見てはいませんが親は戦地に赴いたという人がほとんどで、ずっと当事者の話を聞いて育ちました。

そこに戦後の自虐的な歴史教育が行われて、ある意味歪んだ歴史観を抱く世代が生まれたわけです。

だから平和というものの考え方も、一面的で歪んでいる人が多いと思うのです。

「非武装中立」などという夢物語のような思想が語られたのも、ひとつにはその歪みに原因があると思います。

人間社会は、いろいろな思想や考え方の持ち主が集まって成り立っています。だから、意見の合わない人がいて当たり前。すべての人とうまくやっていくことは難しいのが現実です。

100%のコンセンサスは、あり得ません。

これは、地球規模で考えても同じことがいえるのです。


戦後の政治外交の分野では、「戦争をせずに話し合いで解決を」ということが当たり前のようにいわれてきました。

それはそうでしょう。多くの費用と人命をかけて戦争などをするよりも、話し合いで済ませたほうがいいに決まっています。

軍需産業に携わるような人でなければ、世界中の誰もが、そう思うことでしょう。

ところが、話し合いの通じない人たちもいるわけです。

「話せばわかる」というのは、ただの理想主義であって、現実には話し合いで解決できないことも山ほどあります。

他国から国土へと攻め込まれたときに「話せばわかる」などといっていたら、一方的に攻められて占領されて国が終わってしまうわけですから、力で対抗しなければいけないときもあるのが現実です。

誤解を恐れずにいえば、僕は戦争が100%悪だとは思っていません。国民や国土を守るために戦う正しい戦争もあるのは事実です。「死んでも銃をもちたくない、人を殺すくらいなら殺されたほうがましだ」そう考える人がいてもいいでしょう。しかし、国家がそれではいけません。国家は国民を外敵から守らなければいけないのです。「そのための力＝防衛力」をもたなくては成り立たないのです。

話し合いで済めばそれに越したことはないでしょうが、現実の国際関係を見たら、話し合いをするにしても軍備が必要になります。後ろに軍備があって、「話し合いで解決しなかったら違う手段もありますよ」という交渉が世界の常識なのですから、残念ながら軍備をもたない国はほとんどないのです。

北朝鮮の問題にしても、韓国の大統領は対話すると語っていましたが、それで解決するのだったらすでにやっているはずです。

話しても通じない相手がいる。

平和的外交手段で解決できれば、もちろんそれが一番いいことですが、現実にできるかどうか考えると、それは難しい。

そういう現実において平和を維持するためには、覚悟を決めて、自分が嫌なことでも現実を見極めなければいけないと思うのです。

現実的に幸せになる方法を考えよう

僕たちの世代の責任として、次の世代に伝えるべき最大のポイントは、「現実的に幸せになる方法を考えろ」ということだと思います。

よく、理想的平和主義と現実的平和主義という言葉が使われますけれど、理想を求めても平和を維持することはできません。

逆に、理想を求めるあまり、戦争に発展する危険も出てきます。

日本に自衛隊など必要なくて、世界中の軍隊もなくて、核もない世の中などというものは、あまりにも現実からかけ離れていて、そんなことを叫んでも日本人が幸せになる手段とは思えません。

現実的に幸せになる方法として、残念ではあるけど自衛隊も必要だし、集団的自衛権も認めなければ日本という国は平和を維持していけないと僕は思います。

今までの日米安保条約では、日本は自立していません。一方的にアメリカに守られるだけで、アメリカを助けないわけですから。

アメリカ国民からしたら、不公平だと感じる人は少なくないでしょう。

そうではなくて、集団的自衛権を認めて、アメリカが困ったときには助けるという、もちつもたれつの関係になっていないと、本当に自立した平和はないと思うのです。

当たり前のことですよね。

日本政府は２０１４年に、集団的自衛権の行使を容認する閣議決定を行いました。これで日本は「戦争ができる国」になったとして、安倍元総理は日本を戦争に巻き込もうとしているなどと、一部のマスコミや理想的平和主義者や中国から非難を受けました。

北朝鮮が世界中の非難を浴びながら核とミサイルの開発を続け、日本海に向けてミサイルを撃っている現実や、相変わらず尖閣諸島に対する攻勢を続けている中国の現実を見れば、国防力の強化や集団的自衛権の容認は、日本が自立した平和を維持するための一歩だということがわかるはずです。

安倍元首相は、「積極的平和」という言葉を使っていましたが、自分がつくった「積極的平和」という言葉は意味が違うと指摘したノルウェーの社会学者ヨハン・ガルトゥングさんは、集団的自衛権の容認を危惧しています。

日本がアメリカに追従して軍事活動を行えば、フランスやイギリスと同じようにテロの対象になるというのです。

たしかに今まで国際テロが日本国内で起こっていないのは、イスラム国やイスラム原理主義勢力と直接軍事衝突していないという点はあるでしょうが、現地ではもう何人もの日本人が殺されています。

日本はテロリズムを絶対に許さないし屈しないという態度を明確にしているのですから、いつ標的にされてもおかしくない状況にあるのです。

イスラム国のテロリストが、すでに日本国内に潜伏しているという報告もあります。

ヨハン・ガルトゥングさんは、「日本は米国に従属することなく、もっと国家としての独立性を高めよ」という右派の意見に同意するものの、「そのために日本は核武装すべきである」という意見には同意できないとしています。

その一方で、左派が「日本が軍事国家になる流れ」に反対することに賛成をするが、「第二次世界大戦の話になると、東アジア諸国に対して、なんでもかんでも『日本が悪かった』と謝ってしまうこと」に、まったく賛成できないと語っています。

さすがに平和学の父と呼ばれる方だけあって、的を射た意見だと僕は思います。しかし、日本が軍事国家になることはあり得ません。

ましてや、軍事力を駆使してどこかの国を侵略するなどということが起こるわけがないのです。

今の日本に、そんな必要がどこにあるのでしょうか。

日本人と日本の国土を守るために必要な軍備であり、安保であり、集団的自衛権なのです。

だから憲法は改正して、「自衛隊」というような曖昧な表現ではなく、〝軍隊を保持し、侵略戦争はしない〟という旨を明文化するべきだと考えています。

僕は、こうした「現実的に幸せになる方法」を後世に伝えることも、重要な老人の作法であり、社会的責任だと思うのです。

最後にもうひとつ次の世代に残したい言葉があります。

「抗菌グッズは使うな！」（笑）

団塊世代が雑草のように強いのは、子どもの頃から雑菌にまみれて耐性を身につけて生きてきたからなのです。

著者略歴

弘兼憲史（ひろかね・けんし）

1947年、山口県生まれ。早稲田大学法学部卒業。松下電器産業（現パナソニック）に勤務後、74年に『風薫る』で漫画家デビュー。その後『人間交差点』で小学館漫画賞（84年）、『課長 島耕作』で講談社漫画賞（91年）、講談社漫画賞特別賞（2019年）、『黄昏流星群』で文化庁メディア芸術祭マンガ部門優秀賞（00年）、日本漫画家協会賞大賞（03年）を受賞。その作品は、人間、社会についての縦横無尽な洞察が高い評価を得ている。07年には紫綬褒章を受章。

【新装版《しんそうばん》】
人生《じんせい》は70歳《さい》からが一番《いちばん》面白《おもしろ》い

2024年2月9日　初版第1刷発行

著　者　弘兼憲史
発行者　小川 淳
発行所　SBクリエイティブ株式会社
〒105-0001　東京都港区虎ノ門2-2-1

装丁･本文デザイン　伊藤まや（Isshiki）
カバーイラスト　ナカミサコ
編集協力　佐藤美昭、株式会社クラップス
印刷･製本　中央精版印刷株式会社

本書をお読みになったご意見・ご感想を
下記URL、またはQRコードよりお寄せください。

https://isbn2.sbcr.jp/24675/

落丁本、乱丁本は小社営業部にてお取り替えいたします。定価はカバーに記載されております。本書の内容に関するご質問等は、小社学芸書籍編集部まで必ず書面にてご連絡いただきますようお願いいたします。

ISBN978-4-8156-2467-5